GIACOMO BRUNO

FARE SOLDI ONLINE
CON GOOGLE

La Formula e i Trucchi Segreti per essere Primo su Google Adwords

Titolo

"FARE SOLDI ONLINE CON GOOGLE"

Autore

Giacomo Bruno

Editore

Bruno Editore

Sito internet

http://www.brunoeditore.it

Sommario

Introduzione

Fondato nel non lontano 1998 da due giovani talenti, Sergey Brin e Larry Page, Google è, ad oggi, il motore di ricerca numero uno al mondo. Il nome Google nasce dal termine "googol": un googol è il numero esprimibile con 1 seguito da 100 zeri, a significare l'enorme quantità di pagine che i due fondatori intendevano catalogare. E ci sono riusciti: con un indice che comprende più di otto miliardi di pagine web, Google è riconosciuto a livello mondiale come il più efficiente tra i motori di ricerca, gestendo l'80% di tutte le ricerche effettuate su internet. La popolarità di Google è tale che nella lingua inglese è stato coniato il verbo "to google" con il significato di "fare ricerche online".

Oggi sono oltre 1 miliardo le persone nel mondo che utilizzano Google come motore di ricerca preferito. Questo vuol dire che costruire la tua presenza attraverso esso, ti garantisce montagne di opportunità di business. Oggi scopriremo alcuni dei segreti meno noti sull'e-commerce, soprattutto assolutamente sconosciuti in Italia. Segreti che ho imparato durante i miei viaggi in America e attraverso le esperienze maturate in quasi dieci anni di lavoro su internet. Infatti, dal 1998 ad oggi, ho creato decine di attività che hanno funzionato, hanno fruttato soldi ed hanno generato delle rendite automatiche di denaro per decine di migliaia di euro al mese.

Non ti parlo dei soliti metodi banali come leggere mail o rispondere a sondaggi, con guadagni compresi tra i dieci e i cento euro mensili, ma di vere e proprie attività in grado di fruttare migliaia di euro. Da anni studio le migliori strategie per sviluppare attività su internet e, probabilmente, se hai comprato questa guida, hai già sentito parlare degli altri miei libri *Fare Soldi Online in 7 Giorni*, *Fare Soldi Online con eBay*.

Fare soldi online è diventato difficile anche in Italia. Il mercato cresce. Troppa concorrenza. Adwords è sempre più competitivo. Se sei stanco di investire e NON guadagnare, questa è la guida più adatta a te e anche la più autorevole che ci sia sul mercato. Nel 2006 ho portato il concetto del "fare soldi online" in Italia. Da allora centinaia di persone hanno imparato a guadagnare su internet grazie alle strategie che insegno e che io stesso utilizzo.

Questo ha portato ad una grande concorrenza, con banali tentativi di imitazione da parte di aspiranti web marketer, e, purtroppo, alla diffusione di decine di ebook di scarsa qualità sull'argomento.

Attraverso questa guida, io ti insegnerò il metodo esatto per conseguire lo stesso obiettivo, ti guiderò passo per passo per realizzare gli stessi introiti, gli stessi incassi, gli stessi risultati che io stesso ho ottenuto. Ti trasmetterò le mie strategie, ciò che ho imparato in tanti anni di esperienza e che scopriremo, in particolar modo, analizzando Google, il motore di ricerca numero uno al mondo. Il primo per ricerca, il primo per incassi di pubblicità. Ti insegnerò ad usare la pubblicità su Google, pagandola pochissimo e riuscendo ad avere tantissimi visitatori sul tuo sito web. Niente paura, avrai successo sia che tu abbia un tuo sito web sia che tu non lo abbia, sia che tu abbia sviluppato un tuo prodotto sia che tu rivenda i prodotti di altri. Ti insegnerò tutto passo per passo, attraverso esempi ed esercizi.

Buon lavoro!

Giacomo Bruno

Giorno 1:
Rendite Automatiche

Oggi vedremo delle strategie concrete, una guida che spiega passo per passo come creare rendite su internet, come fare soldi attraverso internet, che tu abbia o meno un tuo sito web o sappia crearlo, che tu abbia o meno un tuo prodotto da vendere. Ti garantisco che è possibile, con le giuste tecniche, fare soldi online.

Parleremo dei metodi per utilizzare al meglio Google, il motore di ricerca principale, il più importante, il più usato al mondo. In poco tempo è diventato il numero uno e, pur non essendo stato fra i primi a sorgere, è attualmente il sito web più visitato in assoluto, con un valore di Borsa di 150 miliardi di dollari.

È accaduto perché ha creato un valore per coloro che lo usano. Infatti, un'azienda, un'attività, vale e cresce quando crea valore per gli altri. Quello che ti insegnerò a fare è proprio questo:

creare prodotti tuoi o vendere prodotti altrui che comunque siano di qualità.

Se inserisci su internet "fare soldi", troverai decine di siti web che ti propongono di guadagnare centinaia di euro al mese con dei metodi un po' strani, che non ispirano fiducia, come rispondere a dei sondaggi o inviare mail. Tu rispondi ai sondaggi e guadagni soldi. Tuttavia, se ti va bene, puoi arrivare a guadagnare poche decine di euro al mese. La stessa cosa accade per la lettura delle mail che hanno spesso come conseguenza il farsi tempestare di pubblicità.

Sono metodi nati parecchi anni fa. In un primo momento rappresentavano una bella promessa per chiunque navigasse, in fondo era molto promettente, arrivavi su internet e la gente ti pagava per leggere delle mail. Questo accadeva quando la pubblicità online funzionava bene. Oggi, al contrario, funziona a metà. Cosa vuol dire? Che la maggior parte dei banner non hanno successo. Ad oggi un solo tipo di pubblicità è in grado di attrarre i visitatori ed è quella dei motori di ricerca. Vedremo in che modo utilizzarla a nostro vantaggio.

Ci sono tanti metodi per fare soldi nella vita? Io credo di sì. Personalmente sono particolarmente interessato a tre settori, il primo dei quali è certamente internet. Chi decide di fare soldi online, secondo me, ha le maggiori probabilità di riuscita e più avanti ti spiegherò perché.

Un altro settore nel quale è proficuo investire è, ad esempio, quello degli immobili. Funziona investire in immobili? Sì, perché puoi scovare affari e, con le giuste strategie, puoi arricchirti come hanno fatto tanti milionari italiani e americani.

Altra possibilità è il trading, la Borsa. Ogni giorno possiamo seguire le vicende di Piazza Affari, del Nasdaq, il telegiornale ci tiene costantemente informati. Ci sono persone che si sono arricchite con la Borsa.

Gli svantaggi di questi ultimi tipi di investimento, consistono nel fatto che sia necessario un esborso iniziale o una buona base finanziaria di partenza. Ad esempio, se vuoi investire in Borsa, hai bisogno di soldi, di un minimo di capitale iniziale. Poi devi essere in grado di gestire con intelligenza i tuoi titoli, e se all'inizio non sai farlo, perché non hai avuto modo di fare pratica, rischi di perderli con facilità e di scoraggiarti di fronte alle prime difficoltà.

Tentare di arricchirsi nel campo degli immobili richiede un grosso sforzo finanziario iniziale. In alcuni casi si può investire anche senza soldi, con delle accortezze o utilizzando denaro altrui. Però anche questa attività richiede molta competenza e, soprattutto, è necessario farsi affiancare da un team di professionisti, quali, ad esempio, un consulente, un avvocato esperto di questioni immobiliari, un geometra e così via.

Veniamo infine ad internet, che presenta il vantaggio di poter creare un'attività da zero, senza nessun altro aiuto al di fuori di noi stessi.

SEGRETO n. 1: internet è l'unico strumento che ti permette di creare da zero rendite automatiche di denaro.

Questo lo dico non per darti false speranze o perché tu dica: «Wow, è tutto facile!» No, non è facile, non sto dicendo questo,

sto dicendo che è possibile, se ci metti impegno, ottenere risultati, come in qualsiasi attività. Io ti insegno le migliori strategie, quelle che io stesso utilizzo, che ho provato per tanti anni; poi sta a te metterle in pratica, ovviamente.

I passi fondamentali per fare soldi online con Google sono i seguenti tre:

1) **Visitatori**: sfruttare il motore di ricerca e gli annunci sponsorizzati di Google Adwords per ottenere migliaia di visitatori a costi bassissimi.

2) **Clienti**: creare un MiniSito che, in una sola pagina, trasformi semplici visitatori in clienti disposti a comprare e fare acquisti.

3) **Prodotti**: guadagnare sulla vendita di prodotti tuoi o di altri, sfruttando i segreti dei programmi di affiliazione migliori del mondo.

Questi sono i fattori che determinano le tue entrate mensili ed il tuo guadagno. Tutti dipendono dalle strategie che usi. Vedremo come aumentarli e migliorarli uno per uno.

SEGRETO n. 2: i tre pilastri del fare soldi online sono Visitatori, Clienti, Prodotti.

Facciamo due conti al volo. Immagina di avere un sito web sul quale arrivano giornalmente 100 visitatori. Quante persone comprano? Diciamo lo 0,5%. Quindi, in media, uno su duecento. Ci può stare? Sì, è una percentuale nello standard di un sito medio. Bene, quanto gli fai spendere? Diciamo che acquista prodotti per 100 euro.

Quindi la situazione è la seguente: solo lo 0,5% dei 100 visitatori iniziali è diventato anche cliente. Ti ha reso 50 euro.

VISITATORI	CLIENTI	PRODOTTI	TOTALE
100 x	0,5% x	100€	= **50€**

Ora, la cosa interessante è che, siccome i fattori sono tre, basta aumentare ognuno anche di poco per ottenere un risultato enorme anche negli altri. Fai attenzione a ciò che dico ora. Ti insegnerò ad avere più visitatori usando Google: invece di 100, ne avrai 500. Poi ti esporrò le strategie per creare un sito web talmente efficace che ti permetterà di aumentare la percentuale di chi compra da 0,5% a 1%. È assolutamente fattibile. Se su 500 persone l'1% compra, sono 5 persone che comprano. Abbiamo già decuplicato le entrate cambiando solo due fattori, semplicemente ottimizzando alcune strategie.

VISITATORI		CLIENTI		PRODOTTI	TOTALE
500	x	1%	x	100€	= **500€**

Quindi da 50 euro di entrate, passi a 500 euro, dieci volte tanto, senza aver neanche toccato il prezzo di vendita dei prodotti.

SEGRETO n. 3: per decuplicare le tue entrate, concentrati su strategie che apportino piccoli miglioramenti.

Inoltre non stiamo parlando di una rendita mensile o annuale, ma di entrate *giornaliere*. Per avere 500 visitatori al giorno, non ci vuole una vita e non bisogna essere uno scienziato. Se sai usare bene Google Adwords, puoi ottenere 500 visitatori con soli 25/50 euro. Investi 50 e ti rientrano 500, niente male, è un ritorno del 1.000%!

Se lavori bene sul MiniSito, avrai anche molti visitatori gratis, persone che arrivano dal passaparola o dai risultati dei motori di ricerca. Ad esempio, diversi anni fa decisi di creare un sito di videogiochi. Ebbene, già dai primissimi tempi, con pochi contenuti e non pubblicizzato, mi accorsi che totalizzava più di 300 visitatori al giorno. Se con quello stesso numero di visitatori avessi utilizzato le strategie che conosco ora, sarei arrivato a guadagnare anche 300 euro in una sola giornata, che sono quasi 10.000 euro al mese. Come vedi, i numeri di cui ti parlo, non sono impossibili da realizzare. Il bello è che ora ti dirò come fare, che è la cosa più interessante per chi parte da zero non sapendo nulla di programmazione e linguaggio Html. Con l'impegno, i risultati ci sono e possono essere veramente entusiasmanti.

Ad esempio, abbiamo venduto migliaia di copie del libro *Fare Soldi Online in 7 Giorni*, ma solo chi si è impegnato seriamente ha ottenuto risultati straordinari. So per certo che centinaia di persone iscrittesi al programma di affiliazione di Bruno Editore, dopo aver letto l'ebook stanno facendo parecchi soldi. Nella peggiore delle ipotesi, si sono ripagate il costo dell'ebook, nella migliore sono arrivate a guadagnare migliaia di euro al mese. Per questo so che le strategie funzionano già in pochi giorni anche per chi non ha mai utilizzato internet. Io lo faccio da anni e quindi ti offrirò le migliori tecniche che puoi trovare in giro.

In questa guida, ci sono parecchie notizie in più rispetto al libro *Fare Soldi Online in 7 Giorni*, infatti ti svelerò alcuni segreti, che ho scoperto recentemente su Google, su come posizionarsi veramente in alto tra le varie pubblicità, tramite alcune formule ed altri stratagemmi che sono del tutto sconosciuti.

Perché sono in grado di farlo? Perché mi sono formato fondamentalmente in America e gli americani fanno queste cose da anni. Lì anche l'ultimo dei ragazzini è in grado di guadagnare un mucchio di soldi partendo veramente da zero.

Un ottimo esempio è un sito americano denominato Million Dollar Homepage. L'autore è un giovane di 20 anni o poco più. Il sito è molto confusionario, contiene centinaia, forse migliaia di mini banner, mini pubblicità. Questa pagina è composta da un milione di pixel, mille per mille e lui ha venduto ogni singolo pixel come spazio pubblicitario per la cifra di un dollaro. Mille per mille, un milione di pixel, un milione di dollari. In sei mesi è riuscito a esaurire tutti gli spazi pubblicitari. L'ultimo rimasto lo ha venduto all'asta su EBay intascando oltre 60.000 dollari. Quindi ha guadagnato, in realtà, ben più di un milione di dollari in sei mesi.

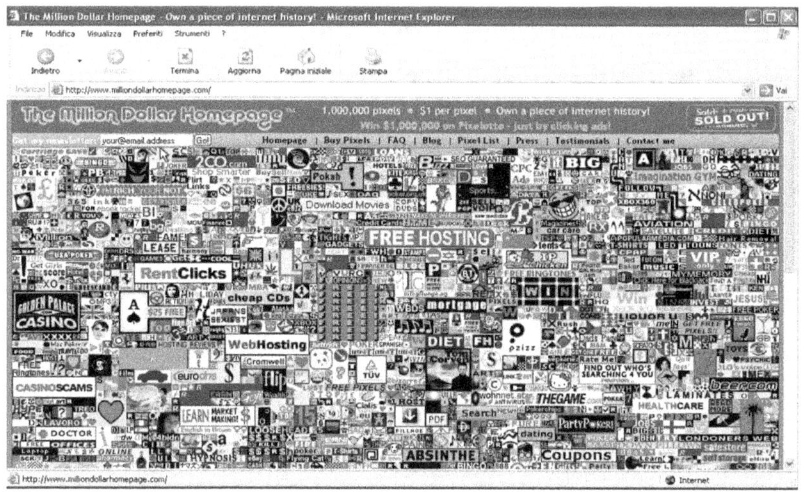

All'interno del sito, troverai la sua storia. Racconta di aver cercato un metodo per fare soldi perché ne aveva bisogno per pagarsi gli studi universitari, costosissimi in America. La gente lo ha apprezzato per questo, le riviste ed i siti web hanno parlato di lui, ed ha fatto la sua fortuna. Nella home page del sito ti motiva dicendoti: «Acquista un pezzo della storia di internet». Con questa frase ha cnferito un'identità fortissima al suo sito. È un'idea geniale, che costituisce davvero un pezzo della storia di internet.

La prima volta che l'ho visitato, ho pensato: «Guarda che trovata stupefacente! Voglio comprare uno spazio anch'io». Sapevo che anche un banner molto piccolo mi sarebbe costato una bella cifra. L'acquisto di uno spazio pari a 100 x 100 pixel comportava un investimento pari a 10.000 dollari, ma l'avrei preso comunque perché la cosa essenziale era essere lì con il mio marchio. In ogni caso non ho avuto la possibilità di farlo, infatti, quando mi sono deciso, gli spazi erano già esauriti.

Ovviamente sono nati dei cloni di questo sito, tanto che se ora cerchi *Million Dollar Homepage*, trovi decine di siti identici, certo, semivuoti, quindi con molti spazi ancora da vendere, perché l'interesse suscitato dal primo sito di quel tipo, non si è riverberato sulle sue molteplici imitazioni.

Questo è un esempio di come una persona possa partire da zero essendosi semplicemente creata un dominio e, con un'idea brillante, realizzare un milione di dollari in sei mesi.

Ti piacerebbe guadagnare un milione di dollari in sei mesi? Naturalmente sì. Anche Google è partito dal niente. L'hanno creato due ragazzi che, dovendo elaborare la propria tesi di laurea, hanno cercato e trovato un metodo per fare ricerche che fosse il più veloce ed efficiente possibile. Nel giro di pochi anni è diventato il portale numero uno al mondo, con un fatturato di milioni di dollari e migliaia di dipendenti, senza dire che è effettivamente molto comodo da utilizzare.

Chi non usa Google per fare ricerche su internet? Per me è addirittura la pagina iniziale. Funziona. Da quale capitale sono partite queste persone? Come ti dicevo, dal nulla: con un computer alla mano e tanta voglia di fare, hanno creato questo software di ricerca che ha reso loro cifre inimmaginabili. Anche Bill Gates è partito da zero. Pian piano ha messo su una sua azienda e, attualmente, è l'uomo più ricco del mondo. Tra l'altro, se ci fai caso, i nuovi ricchi degli ultimi decenni vengono dal campo dell'informatica, in particolare da internet.

Io sono online del 1998 e sono stato veramente uno dei primi a navigare su internet. Iniziai ai tempi del mio corso di informatica presso la facoltà di ingegneria. Un giorno il professore ci chiese: «Chi di voi ha un collegamento ad internet?», alzarono la mano 3 persone su 100-150 studenti. Dovendo imparare a programmare ho dovuto acquistare un computer, ho impostato il collegamento ad internet ed ho iniziato a navigare.

Dopo un mese, però, ero già stanco: trovavo un po' di tutto però mi annoiavo. Quindi cosa ho fatto? Mi sono impegnato ed ho creato un sito di videogiochi, una delle mie passioni, nel quale ho inserito i trucchi per avere vite infinite nei giochi, che, in breve, ha cominciato ad essere visitato da 300 persone al giorno. Mi sembrava un miracolo. Pensaci, crei un sito e ti accorgi che, dall'oggi al domani, 300 persone vanno giornalmente a leggere le informazioni che aggiungi. È straordinario, ma questo è internet. Pensa solo a quanto ti costerebbe realizzare un giornale cartaceo, andarlo a distribuire dai giornalai, nelle librerie, per arrivare a venderne trecento copie. Costi altissimi, fatica enorme, lavoro infinito. Invece su internet è sufficiente un'idea azzeccata per guadagnare bene da subito.

Più avanti ti parlerò di Bruno Editore, di come è nata e dei risultati da noi ottenuti sin dall'inizio. L'idea di base è che internet ti consente di creare delle rendite online automatiche. Il sito funziona 24 ore su 24, sette giorni su sette, persino il sabato e la domenica venderà i tuoi prodotti o i prodotti di altri. Se non hai un sito, va bene lo stesso, potrai ugualmente vendere dei prodotti. Ti spiegherò come fare passo per passo.

SEGRETO n. 4: un sito internet funziona 24 ore su 24, 7 giorni su 7 e quindi crea denaro anche mentre dormi.

L'idea, l'obiettivo che devi prefiggerti, è creare una rendita automatica. È di rendite automatiche che parlo, ad esempio, nel videocorso *Ricchezza*, dove spiego come si può diventare ricchi senza avere un soldo. Tratto il tema della psicologia della ricchezza e dico: «Se vuoi veramente liberarti del lavoro del quale sei stufo, o se comunque non vuoi dipenderne, devi crearti delle rendite, questo è il segreto dei ricchi».

Utilizzo una tecnologia denominata Programmazione Neuro-Linguistica (PNL) che ho studiato in Italia e perfezionato in America seguendo il master dello stesso fondatore, Richard Bandler. Egli si occupa di studiare e modellare persone di successo e, in questo caso, parliamo di persone che sono riuscite ad arricchirsi. Cosa significa: *modellare*? Esaminarle, capire cosa hanno in comune e di diverso rispetto agli altri. Così facendo si riescono a individuare alcune loro strategie. Si capisce che essi pensano in grande, che non si accontentano di mettere i soldi nel conto corrente per avere il 2 o il 3% all'anno, piuttosto scelgono investimenti che fruttino denaro, il 100-200-1.000% l'anno.

È questione di *intelligenza finanziaria*. Se dico ad un gruppo di persone: «Oggi vi do 10.000 euro da investire. Tra un anno ve li chiederò con gli interessi che siete riusciti a maturare», so già che l'80% di loro tra un anno li avrà spesi o persi in qualche investimento. Il 16% mi riporterà 10.500 o 11.000 euro, quindi li avrà impegnati in investimenti molto piccoli o dal rendimento molto basso. Infine ci sarà quel 4% di persone che mi riporterà 100.000 euro o 1.000.000 di euro, perché li avrà investiti con intelligenza finanziaria.

SEGRETO n. 5: fare soldi online è questione di atteggiamento mentale e intelligenza finanziaria.

È realistico questo risultato? Sì, e Google ne è un esempio. Meglio ancora ne è un esempio Million Dollar Home page, e ci sono ancora decine di migliaia di esempi, se li vai a cercare. Quindi, la cosa è possibile. È anche facile? No. Devi impegnarti e applicare le giuste strategie, perché come ci sono tanti esempi di persone che hanno avuto successo investendo poco o niente, ci sono migliaia di esempi di persone che hanno creato un sito web e non si sono arricchite.

Il problema fondamentalmente è che la maggior parte delle persone che ti propone metodi per fare soldi, spesso ricicla sistemi utilizzati da qualcun altro. Non si limita al modellamento, ma spesso si arriva a copiare spudoratamente, o addirittura a violare marchi o diritti d'autore. La cosa migliore da fare, invece, è imparare il metodo di lavoro da chi, come me, lo pratica da anni e continua a farlo, indipendentemente dall'attività scelta.

Quando, a 19 anni, ho creato il mio sito di videogiochi, ho subito iniziato a farci soldi, perché? Perché, come ti accennavo, allora la pubblicità c'era e funzionava molto bene, quindi anche se avevi pochi contatti, ti pagavano bene. Il prezzo dell'esposizione di un banner ammontava a 50 centesimi, mentre oggi se te lo pagano 5 è tanto.

Io avevo una newsletter piccolina, con 4.000 iscritti, ogni spot che passava sulla newsletter mi veniva pagato 50 centesimi a contatto. A questo punto basta farsi due conti, 50 centesimi per 4.000 contatti sono un sacco di soldi. Oggi non è assolutamente più così. Ho una newsletter con più di 200.000 iscritti e magari venissi pagato altrettanto bene a contatto!

Dopo i videogiochi, mi sono dedicato ai cellulari, un'altra mia grande passione. Creai un sito che forniva suonerie, schede tecniche e informazioni gratis. A un certo punto c'è stato il boom delle suonerie. Molti siti vendevano suonerie: scaricarle era molto semplice, si inviava un sms del costo di un euro con il riferimento al jingle preferito, ed il sito incassava una percentuale rispetto a chi offriva il servizio. Io ho venduto tantissima pubblicità a chi faceva questi servizi e, pur essendo sempre molto giovane, 22-23 anni, mi trovai a percepire decine di migliaia di euro al mese di rendita automatica.

Una volta diminuito l'interesse generale per le suonerie, sono iniziati i problemi con chi forniva i dialer. Si tratta di quei dispositivi che, una volta installati, permettevano una connessione automatica al servizio. A quel punto la Telecom non ha più fornito servizi ed è crollato il mercato. Non mi sono scoraggiato e sono ripartito da zero con altre idee.

Puoi creare qualsiasi sito tu voglia. Alcuni miei amici, nel vedermi guadagnare cifre tanto elevate, commentavano: «Che fortuna. Se anche noi avessimo pensato a fornire suonerie, avremmo guadagnato come te!», io rispondevo: «Bene, allora fatelo. Siete sempre in tempo», e loro: «Ah, va beh, ormai è inutile». Il limite, come vedi, molto spesso non sta nella mancanza di fortuna, ma nella mentalità, nell'atteggiamento che si ha.

L'importante è avere la mira e il focus di voler creare qualcosa che funzioni, ma non con l'unico puntiglio di fare soldi, piuttosto con quello di creare un servizio utile agli altri.

SEGRETO n. 6: per fare soldi su internet devi creare e offrire un servizio che sia utile alle persone.

Come ti dicevo, il mio sito forniva suonerie gratis, quindi non c'era un ritorno economico all'inizio; io non sapevo, non potevo sapere che ci sarebbe stato il boom delle suonerie a pagamento. Nella stessa maniera, quando ho creato il sito di videogiochi, insegnavo i trucchi e fornivo le recensioni dei giochi gratuitamente. Infatti, non le avrei potute vendere.

Quando ho creato la Bruno Editore, sono andato avanti per un anno e mezzo fornendo solamente lezioni gratuite, con gli ebook da scaricare gratis. Ma se non c'è stato un ritorno in soldi, qual è stato il vantaggio per me? Che si è creato comunque un rapporto di fiducia, un passaparola. Le persone che visitavano il mio sito, hanno iniziato a consigliare la lettura dei miei prodotti ad altre persone. Tuttora offro prodotti scaricabili gratuitamente, come ad esempio alcuni ebook e lezioni sull'autostima, sulla motivazione, sugli obiettivi.

Ricorda che la prima cosa da avere in mente è creare un servizio, un valore per gli altri. Se, invece, sei motivato solo dal fare soldi, lo trasmetterai e rovinerai la vendita. Le convinzioni sono fondamentali in PNL, si può dire che siano il punto di partenza per avere successo. Infatti, ad esempio, se sei convinto di essere un bravo scrittore, avrai certo molte risorse alle quali poter accedere, ti sentirai determinato, motivato a trasmettere concetti.

Quindi agirai in un certo modo, scriverai in un certo modo, ed è certo che otterrai dei risultati. Le persone saranno soddisfatte e te lo diranno anche via email: «Bravo, complimenti, io sto ottenendo ottimi risultati», e la convinzione di poter far bene e riuscire nel tuo obiettivo sarà ogni giorno più forte e andrà confermandosi.

Purtroppo lo stesso discorso vale anche in negativo. Se quando insegno in aula pensassi di non essere un bravo trainer, con quale stato d'animo arriverei dai miei allievi? Come mi presenterei? Come agirei? Forse sarei un po' spento, avrei la voce atona, la gestualità assente. Risultato: non trasmetterei emozione, passione.

Se ne accorgerebbe chi mi ascolta ed io stesso penserei: «Vedi? Non sono un bravo trainer». Autostima a zero e convinzione sotto i tacchi. Non voglio dire che la convinzione è tutto, però è certamente un ottimo punto di partenza per il successo. Certo, la convinzione e la sicurezza in se stessi da sola non basta, deve fondarsi su di una solida preparazione, sul sapere di poter trasmettere un qualcosa di valido agli altri.

Se stai leggendo questa guida è segno che sei convinto che si possano fare soldi online. Sarai attento ed avrai voglia di mettere immediatamente in pratica ciò che hai imparato. Quasi certamente già oggi ti metterai a navigare su internet per saperne di più, proverai a registrare un dominio, a creare un sito. Se seguirai le strategie, otterrai risultati da subito, e sarai sempre più convinto che fare soldi è possibile.

Se invece parti già demotivato, perché magari hai avuto esperienze simili deludenti, e pensi: «Mah, leggiamo un po' di che parla Giacomo Bruno, però non ho la massima fiducia...», non leggerai attentamente, cercherai in ogni modo di smentirmi e di smontare le mie teorie, dirai: «Ah, ma non è possibile, a me è successo questo e quest'altro che prova esattamente il contrario di quanto dice».

Certamente non ti metterai oggi stesso a provare le nuove strategie, ti convincerai sempre di più di essere nel giusto e dirai: «Ecco, Giacomo Bruno sarà anche il numero uno, tuttavia non ho ottenuto risultati, quindi è impossibile per me fare soldi utilizzando internet». È possibile che tu pensi questo? Sì, ma ti porresti un limite insormontabile.

La tua convinzione di partenza è importante, quindi fai attenzione alle idee con le quali affronti la lettura di questa guida. Molto semplicemente, ciò che credi ti darà accesso a delle risorse, ti farà compiere delle azioni e ti farà ottenere dei risultati o meno.

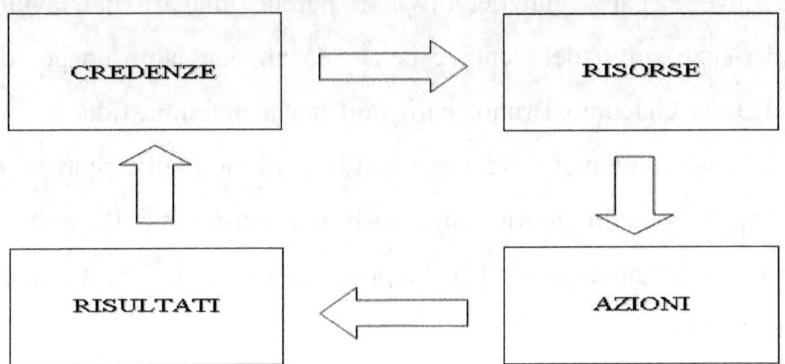

Io ti dico che si può riuscire a fare soldi con internet, ma, come dice la Programmazione Neuro Linguistica, non devi fidarti di chi ti dice: «Ci sono riuscito», bensì dimostrare a te stesso che puoi riuscire solo nel momento in cui applichi le strategie. Non fermarti prima, non farti fermare e limitare da una convinzione. Provaci.

SEGRETO n. 7: se hai la ferma convinzione di poter fare soldi online, allora ti impegnerai, agirai e otterrai risultati concreti.

L'idea di fondo è che le rendite online siano più facili da creare e forniscano un miglior ROI (ritorno sull'investimento) rispetto ad altri business: cioè, tu investi 10 e puoi ottenere 1.000, cosa che molto difficilmente accade nel settore degli immobili ed in Borsa. Ciò succede perché inizialmente puoi investire talmente poco che qualsiasi ritorno è, in percentuale, altissimo.

Secondo te, quanto ho investito per creare le mie attività negli ultimi dieci anni? Nulla, perché avevo già il mio computer, compratomi dai miei genitori ai tempi dell'università. Se vuoi, è stato quello l'unico investimento, 1.000 euro per un pc e la spesa per una connessione a internet. Per il resto, il valore è stato dato unicamente dall'inventiva, dalla mia immaginazione. Puoi iniziare veramente con zero investimenti. Quindi occhio alle convinzioni e metti in pratica ciò che ti rivelerò, altrimenti, non otterrai risultati, perché l'applicazione delle strategie richiede un certo impegno.

L'idea è di creare rendite automatiche che non dipendano dal tuo lavoro. Il lavoro, infatti, è sostentamento e cosa succede se per qualsiasi motivo non puoi più svolgerlo? Un disastro. Non puoi più pagare le bollette, non puoi più acquistare cibo. A meno che tu non abbia soldi da parte, è una vera rovina. Poi, eventualmente, quei soldi messi da parte, per quanti mesi ti consentono di tirare avanti?

Quindi, il giusto criterio è che tu lavori perché vuoi lavorare, perché ti piace lavorare, ma la tua vita non deve dipendere dal lavoro, devi crearti una rendita esterna, un qualcosa che funzioni indipendentemente da te.

C'è un aneddoto molto importante su questo concetto, che sicuramente avrai già sentito e ti aiuterà a ricordarlo. È la storia di John e Richard che vivono in un paesino della California molto arido. Ad un certo punto la situazione precipita e la carenza d'acqua inizia a raggiungere livelli di guardia. Il sindaco decide di proporre un concorso per trovare persone che se ne occupino. I due partecipano e vincono a pari merito. Il sindaco spera che tra i due si inneschi una sana concorrenza che porti ad offrire il miglior servizio possibile. John comincia subito a lavorare duramente, da mattina a sera. Va verso il fiume con dei secchi, li riempie, li porta in città a piedi, li svuota in un pozzo e comincia a vendere l'acqua a un euro al litro. Si fa pagare e comincia a guadagnare un po' di soldini per il suo lavoro, giustamente.

Richard scompare per un periodo. Nel frattempo John continua a lavorare. Certo è stanco, ma va al fiume dalla mattina alla sera, tutti i giorni, per portare l'acqua nel paesino. Che succede? Che dopo sei mesi Richard torna, e con lui un socio finanziatore, una squadra di ingegneri ed una serie di operai. Costruisce un acquedotto che dal fiume porta direttamente l'acqua nel paesino. Vende quest'acqua a 25 centesimi al litro. Ovviamente tutti iniziano a rifornirsi là dove l'acqua costa molto di meno ed è più pulita e Richard senza aver fatto alcuna fatica, grazie alla sua idea dell'acquedotto, vede affluire i soldi in quantità. John cosa fa? Abbassa il prezzo della sua acqua, inizia a venderla a 0,20 al litro così da poter fare concorrenza a Richard. Però, ovviamente, deve continuare a faticare. Assume anche i figli, perché deve lavorare 7 giorni su 7, 24 su 24, deve coprire anche i turni di notte, perché Richard comunque offre l'acqua anche di notte e anche di domenica. E allora ecco che tutta la famiglia inizia a fare avanti e indietro tutto il giorno, fino a che, stanchissimi, non ne possono più. Richard, al contrario, si è ormai ripagato l'investimento e può permettersi di abbassare ancora il prezzo, lo porta a 0,10 al litro. John non ce la fa, non si ripaga neanche i costi della vita, lo stipendio dei figli e rinuncia.

Come puoi vedere, il lavoro duro non sempre ripaga pienamente, anche se le nostre convinzioni e la nostra cultura ci dicono il contrario. Il sacrificio, nel lavoro, viene visto culturalmente e socialmente come qualcosa di necessario, come l'unico modo per sopravvivere. Secondo l'opinione comune, è giusto che tu per andare a lavorare, ti alzi alle sette di mattina, che, magari, sfacchini sino alle 20 della sera, che tu sia dipendente o professionista, che col lavoro guadagni dei soldi ed attraverso quelli riesca a pagarti la vita. Tutte le volte speri di arrivare senza problemi a fine mese, se sei bravo guadagni un po' di più, accendi un mutuo, compri la casa e ti ritrovi indebitato a vita. A ben vedere, questa è la storia dell'italiano medio. La questione, invece, è cambiare prospettiva, imparare a lavorare con intelligenza finanziaria, costruire qualcosa che funzioni e che ti porti poi una rendita. Non dico che tu debba smettere di lavorare, solo fallo senza lo stress di non poterne fare a meno. Goditi il tempo libero e la vita.

Molti tra coloro che hanno letto il mio primo libro sul fare soldi via internet, o altri miei testi sulla crescita finanziaria, mi hanno chiesto: «Ma se sei così bravo, perché lavori?», «Evidentemente se lavori è perché hai bisogno di farlo per vivere». Non è necessariamente così. Lo faccio perché mi piace questo lavoro, e perché è comunque nella mentalità della persona ricca il creare entrate multiple.

C'è un libro di Robert Allen che si intitola *Multiple Streams of Income*, Flussi Multipli di Entrate. A me piace ottenere entrate tramite internet, ogni tanto dedicarmi a qualche affare immobiliare o giocare in Borsa. Però è ben diverso dire «Mi piace», dal dire «Io domattina devo alzarmi alle otto e lavorare tutto il giorno per Tizio». Magari, tra l'altro, in un ambiente che neanche ti piace.

Molte delle persone che vengono a fare consulenza o coaching da me hanno questo problema, non amano il loro attuale impiego e vorrebbero cambiare. Un vantaggio del lavoro via internet, rispetto ad altri mestieri che possono creare rendite, è che puoi dedicarci 5 minuti al giorno e lo puoi fare di sera. Quindi puoi assolutamente tenerti il tuo lavoro che comunque ti dà sicurezza.

È ovvio, non potresti dire, da un giorno all'altro: «E vai! Ho scoperto le strategie migliori, mollo il mio lavoro e mi dedico ad internet», perché poi, nell'attesa che arrivino i guadagni, non avresti le spalle coperte, e se non arrivano che fai? Te la prendi con me? No, tieni il tuo lavoro abituale e dedica 5 minuti al giorno a quello su internet. Sii responsabile nei confronti di te stesso, del tuo futuro e delle persone che hai intorno.

Cura il tuo sito, il tuo prodotto, le tue entrate, le tue uscite, le tue strategie. Leggi un libro, comunque dedica un minimo di tempo alla tua crescita, alla tua intelligenza finanziaria o a qualcosa di concreto come un sito o un prodotto. Nel momento in cui ti accorgerai che funziona, se ci sono entrate sufficienti a coprire quanto guadagnavi precedentemente, potrai decidere cosa fare del tuo vecchio lavoro. Se non ti piace, hai già una scappatoia pronta.

Per raggiungere questo obiettivo, devi studiare e impegnarti moltissimo, come ho fatto io. Ovviamente per te il lavoro sarà più facile perché io ti guiderò passo per passo nella costruzione della tua attività. Ed è tutto in lingua italiana, non dovrai studiare centinaia di testi inglesi o seguire complicati corsi in slang americano. E, soprattutto, il lavoro che ti sto presentando è completamente riadattato per il mercato italiano, che ha parecchie differenze rispetto a quello americano, quindi alla fine della lettura, sarai assolutamente pronto a partire.

RIEPILOGO DEL GIORNO 1:

- SEGRETO n. 1: internet è l'unico strumento che ti permette di creare da zero rendite automatiche di denaro.

- SEGRETO n. 2: i tre pilastri del fare soldi online sono Visitatori, Clienti, Prodotti.

- SEGRETO n. 3: per decuplicare le tue entrate, concentrati su strategie che apportino piccoli miglioramenti.

- SEGRETO n. 4: un sito internet funziona 24 ore su 24, 7 giorni su 7 e quindi crea denaro anche mentre dormi.

- SEGRETO n. 5: fare soldi online è questione di atteggiamento mentale e intelligenza finanziaria.

- SEGRETO n. 6: per fare soldi su internet devi creare ed offrire un servizio che sia utile alle persone.

- SEGRETO n. 7: se hai la ferma convinzione di poter fare soldi online, allora ti impegnerai, agirai e otterrai risultati concreti.

Giorno 2: Triplicare i Visitatori

Bene, iniziamo a parlare del primo pilastro, i visitatori. Come li trovi? Come fai a far sì che tutte queste persone, questi utenti, navigando su internet, arrivino proprio sul tuo sito?

Sai qual è il problema della maggior parte delle aziende? Che spendono moltissimi soldi per fare un sito web enorme, curatissimo, con la grafica flash, le animazioni, le presentazioni, ma spesso con zero usabilità. Devi sapere che io sono fissato con la web usability, ovvero la usabilità, la facilità di navigazione su un sito. Ti è mai capitato di navigare su un sito e di vagare inutilmente tra le sue pagine senza riuscire a trovare ciò che cerchi? Magari ti serve un contenuto preciso, hai idea che sia da qualche parte in quel sito, però non riesci a trovarlo. Ti perdi, non sai dove cliccare. Quando poi, finalmente, ti decidi a farlo, finisci in un'altra pagina. Questo è il classico esempio di un sito non usabile. La mia tesi di laurea in ingegneria era sulla usabilità dei siti web. Infatti, come ti accennavo, ero e sono fissato con la usabilità. Sono assolutamente convinto che un sito debba essere facilmente utilizzabile. Deve essere carino e presentabile, però non deve avere eccessiva grafica per non appesantire, per non rendere difficile la memorizzazione, per non distrarre con tremila messaggi. In poche parole, deve essere facile da navigare. Se è un sito di e-commerce deve vendere, giusto? Quindi l'idea è che se tu hai un sito anche strutturato benissimo ma non visitabile, è completamente inutile.

Come ti dicevo, le aziende sono disposte a spendere un sacco di soldi per costruire un sito web esteticamente bello ma non usabile e quindi non visitato. Oppure, peggio, ad investire moltissimo in pubblicità senza avere un sito efficace. Quindi è necessario equilibrare tutti i passaggi. Se c'è un collo di bottiglia da qualche parte, il processo non funziona. Bisogna seguire uno per uno tutti i pilastri.

I visitatori si possono trovare tramite motori di ricerca in due soli modi:
- **gratis**: tra i normali risultati di ricerca
- **a pagamento**: tra i link sponsorizzati

Il primo è il modo gratuito che però è molto, molto lento. Si tratta di creare il sito e sperare che i motori di ricerca ti mettano in testa ai risultati. Se cerchi "autostima" su Google, vedrai che il sito Bruno Editore è al primo posto tra i risultati di ricerca. Questo perché? Perché il dominio si chiama www.brunoeditore.it e perché il sito tratta di autostima e tematiche simili. Inoltre perché tanti siti correlati lo hanno linkato e lo segnalano come sito di autostima, e così via..

Quindi vi è un coinvolgimento che non dipende solo da te, da quanto è ottimizzata la pagina o dai trucchi che ci sono per sfruttare a tuo vantaggio i motori di ricerca. Infatti, come ho appena detto, dipende anche da quante altre persone ti linkano, da quante ti consigliano, dal numero di pagine di cui è composto il tuo sito.

Soprattutto è un processo lento e difficile da gestire. Google, ad esempio, cambia le regole abbastanza spesso, quindi quando pensi di aver capito il trucco per essere in alto e aver lavorato per mesi sull'ottimizzazione delle tue pagine web, tutto cambia. E ti trovi ad aver perso mesi di lavoro e possibili guadagni.

Il metodo a pagamento, invece, è molto più efficace e immediato. Si chiama *"pay per click"*, che significa letteralmente pagare per i click ricevuti, e che consiste nell'acquistare pubblicità.

SEGRETO n. 8: il pay per click è il metodo più veloce ed efficace per trovare visitatori a bassissimo costo.

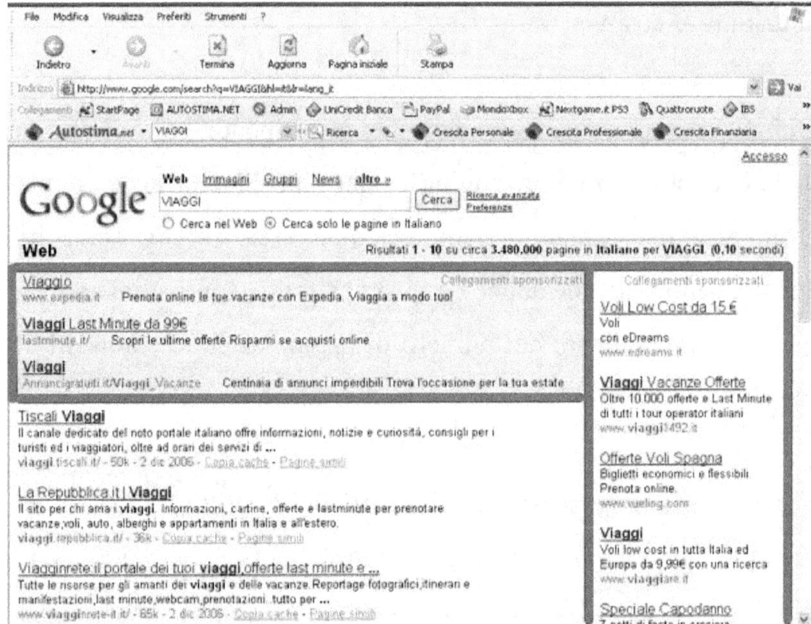

In genere, gli annunci a pagamento sono sempre nella colonna di destra e spesso in alto, anche se non sempre appaiono. Ormai tutti sanno che esistono due tipi di risultati nelle ricerche, quelli a pagamento e quelli gratis, l'utente è quindi perfettamente in grado di distinguerli e sa che dietro gli annunci a pagamento, c'è un'azienda che ha investito in pubblicità ed intende vendere qualcosa. Questa è già una buona selezione.

Il programma per inserire annunci pubblicitari su Google, si chiama Google Adwords. Funziona così:

1) apri un account

2) crei una nuova campagna pubblicitaria in lingua italiana

3) inserisci il testo del tuo annuncio

4) scrivi le parole chiave che ti interessano

5) selezioni il CPC (costo per click), cioè quanto sei disposto a pagare per ciascun click

6) decidi il budget mensile, cioè la somma massima che sei disposto a spendere di pubblicità in un mese

7) i tuoi annunci vanno online dopo pochi minuti

L'intera procedura è guidata, quindi impostare il primo annuncio è molto facile. Ecco tutti i passaggi:

1) Vai su http://adwords.google.it e clicca su "Inizia ora" in basso:

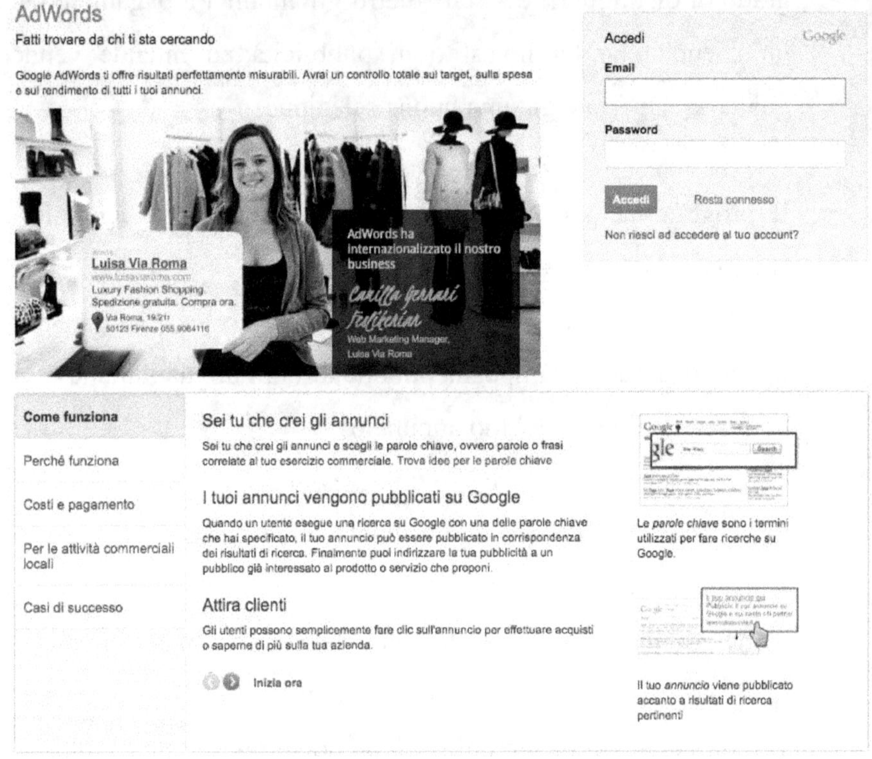

Se sei già in possesso di un account Google, l'accesso ad Adwords avverrà in automatico da quell'account. Nel qual caso tu non ne sia in possesso, ti verrà richiesto di crearne uno.

2) Una volta creato ti apparirà la seguente schermata e dovrai cliccare su "Crea la tua prima campagna".:

2) Seleziona il nome che vuoi dare alla tua campagna e la modalità standard.

3) Scegli "Italiano" come lingua e quali località desideri includere nel target della tua campagna:

Località ? Quali località desideri includere o escludere dal target della tua campagna?
  ○ Tutti i Paesi e le zone
  ⦿ Italia
  ○ Fammi scegliere...

  Inserisci località da scegliere come target o da esc   Ricerca avanzata
  Ad esempio un Paese, una città, una regione o un codice postale.

  ℹ In base alle località target, ti consigliamo di scegliere come target le pagine che utilizzano
    queste lingue di interfaccia:
    • Inglese
    • Italiano
    Lingue suggerite per il targeting

Lingue ? **Italiano** Modifica

Strategia di offerta ? Opzioni di base | Opzioni avanzate
  ○ Imposto manualmente le mie offerte per i clic
  ⦿ AdWords imposta le mie offerte per contribuire a massimizzare i clic nell'ambito del mio budget prefissato

Budget ?   €   al giorno
  Spesa giornaliera effettiva (segnaposto) ?

4) Seleziona Budget giornaliero e Costo per click (CPC):

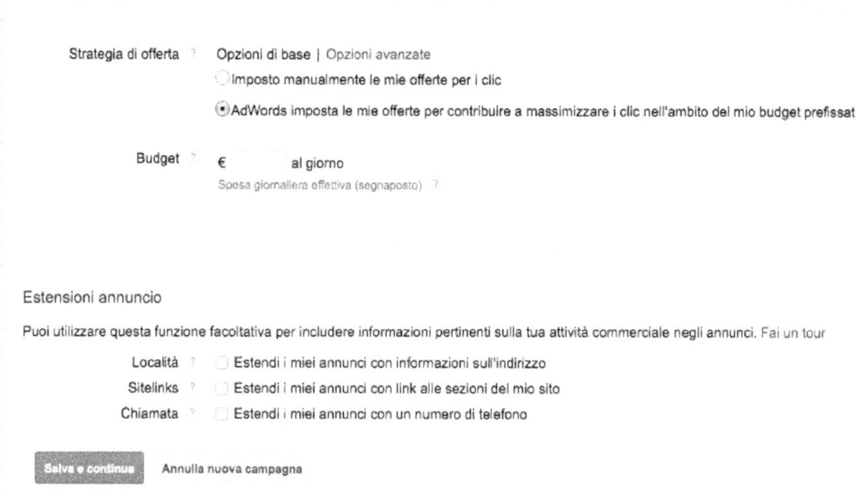

Strategia di offerta ?   Opzioni di base | Opzioni avanzate

○ Imposto manualmente le mie offerte per i clic

⦿ AdWords imposta le mie offerte per contribuire a massimizzare i clic nell'ambito del mio budget prefissat

Budget ?   €   al giorno

Spesa giornaliera effettiva (segnaposto) ?

Estensioni annuncio

Puoi utilizzare questa funzione facoltativa per includere informazioni pertinenti sulla tua attività commerciale negli annunci. Fai un tour

Località ?   ☐ Estendi i miei annunci con informazioni sull'indirizzo

Sitelinks ?   ☐ Estendi i miei annunci con link alle sezioni del mio sito

Chiamata ?   ☐ Estendi i miei annunci con un numero di telefono

Salva e continua   Annulla nuova campagna

Una volta fatto clicca su Salva e Continua.

5) Seleziona il testo dell'annuncio:

Tipo: **Rete di ricerca con selezione display - Standard**

Assegna un nome a questo gruppo di annunci

Un gruppo di annunci contiene uno o più annunci e un insieme di parole chiave correlate. Per ottenere risultati migliori, prova a incentrare gli annunci e le parole chiave di questo gruppo di annunci su un prodotto o servizio. Ulteriori informazioni su come strutturare l'account.

Nome gruppo di annunci: Gruppo di annunci n. 1

Crea un annuncio

Per iniziare, scrivi il tuo primo annuncio di seguito. Ricorda, puoi sempre creare altri annunci in un secondo momento. Impara a scrivere annunci di testo efficaci

Titolo

Riga di descrizione 1

Riga di descrizione 2

URL di visualizzazione ?

URL di destinazione   http:// ▾

Anteprima annuncio: Le seguenti anteprime annunci potrebbero essere formattate in modo leggermente diverso rispetto a quanto verrà visualizzato dagli utenti. Ulteriori informazioni

Annuncio laterale

Hotel economico a Roma
www.example.com
Accogliente e vicino alla metro.
Sconto del 20% per gli studenti

Annuncio in alto

Hotel economico a Roma - Accogliente e vicino alla metro.
www.example.com
Sconto del 20% per gli studenti

Le **estensioni annuncio** espandono l'annuncio con informazioni aggiuntive come un indirizzo di attività commerciale o immagini di prodotto.
Fai un tour

6) Imposta le parole chiave su cui vuoi far apparire l'annuncio:

Parole chiave

Seleziona parole chiave
Il tuo annuncio può essere pubblicato su Google quando gli utenti eseguono ricerche utilizzando le parole chiave che scegli qui. Queste parole chiave stabiliscono anche quali siano i posizionamenti gestiti pertinenti ai tuoi annunci.

Suggerimenti
- Inizia con 10-20 parole chiave.
- Sii specifico: evita di utilizzare parole chiave composte da un solo termine. Scegli le frasi che i clienti utilizzerebbero per cercare i tuoi prodotti e servizi.
- Per impostazione predefinita, le parole chiave sono a corrispondenza generica per aiutarti ad attirare più traffico pertinente. Utilizza i tipi di corrispondenza per modificare questa impostazione.
- Ulteriori informazioni sulla scelta di parole chiave efficaci.

Inserisci una parola chiave per riga.

Nota importante. Non possiamo garantire che queste parole chiave miglioreranno il rendimento della tua campagna. Ci riserviamo il diritto di non approvare qualsiasi parola chiave aggiunta. Sei responsabile delle parole chiave selezionate e del loro uso in conformità alle leggi vigenti.

Questo gruppo di annunci non è ancora pronto. Prima di poter pubblicare gli annunci, devi completare le seguenti attività:
- Crea almeno un annuncio.
- Aggiungi almeno una parola chiave.

Se lo desideri, puoi salvare questo gruppo di annunci senza completare questi passaggi e completarli successivamente.

Salva e passa alla fatturazione   Imposta fatturazione in seguito   Elimina nuovo gruppo di annunci

Ora tuo annuncio è online su Google quando un utente cerca una delle parole chiave che hai selezionato.

Nel momento in cui ho deciso di pubblicizzare il mio ultimo videocorso *Vincere in Borsa*, sono entrato nel mio account su Adwords, ho creato una nuova campagna e ho inserito questo annuncio:

Vincere in borsa
Guida Fare Soldi col Trading Online
Guadagna Denaro in **Borsa** DVD 190€
www.Autostima.net/Vincere_In_Borsa

Come parole chiave, ho scelto tutte quelle correlate al mio prodotto, quindi "borsa, trading online, trading, vincere in borsa, azioni, investire in borsa, investimenti, giocare in borsa" e centinaia di altre parole particolarmente efficaci che ho scoperto attraverso tre strumenti di ricerca che ti presenterò tra poche pagine.

In questo modo, ogni volta che una persona fa una ricerca su Google, e, in particolare, cerca una di quelle parole che io ho selezionato, il mio annuncio apparirà tra gli sponsor di quella ricerca. In questo modo potrà leggerlo e, se colpisco la sua attenzione, arriverà a cliccarlo. Solo a quel punto mi verrà addebitato il costo di quel click. Quindi, se il signor Mario Rossi cerca su Google "trading online", tra gli annunci sponsorizzati apparirà il mio. Lui cliccherà, arriverà sul mio sito, visualizzerà la scheda del videocorso e lo comprerà. E io avrò incassato 240 euro a fronte di una spesa di pochi centesimi. Chiaro il meccanismo?

Come budget mensile ho inserito 1.000 euro e come costo massimo per click, 10 centesimi di euro, che è un prezzo molto basso. Infatti, la scala di prezzo parte da 5 centesimi (in realtà anche da 1 centesimo, ma per la maggior parte delle parole chiave questo valore non è sufficiente ad apparire online) e può arrivare a cifre spropositate come 4 o 5 euro per ciascun click. In questa guida, ti insegnerò alcune tecniche assolutamente sconosciute per pagare i click dei tuoi utenti cifre comprese tra i 5 e i 10 centesimi di euro. Non di più, altrimenti rischi di far fallire il tuo investimento.

Come ti spiegherò più avanti nei dettagli, l'ordine con cui vengono visualizzati gli annunci a pagamento, dipende da diversi fattori, il primo dei quali è il meccanismo dell'asta. Cioè, chi offre di più, sale più in alto. Quindi diventa importante la cifra che tu offri come prezzo massimo per (CPC): ecco perché la gente comune tende a spendere molti soldi per essere primo.

Invece la realtà è un'altra e io ti insegnerò ad essere primo nei risultati anche offrendo il minimo.

Non solo, il bello è che, anche se in una campagna pubblicitaria hai offerto 10 centesimi, di regola pagherai di meno i click che riceverai. Infatti il medesimo meccanismo di asta fa sì che il costo che ti viene addebitato è superiore di un centesimo rispetto all'offerta che c'è prima. Quindi, se sotto di te c'è solo una persona che ha offerto 5 centesimi, tu pagherai i tuoi click solo 6 centesimi e non 10. Quindi Google tende a farti anche risparmiare denaro, nel reciproco interesse e nella reciproca soddisfazione.

Questo è il pay per click, cioè tu paghi solamente per i click che ottieni. Non come accadeva nella vecchia pubblicità, con il sistema "ad impression", cioè per quante volte il tuo annuncio viene visualizzato. Paghi esclusivamente quando una persona, vedendo il tuo annuncio, lo clicca. Per questo funziona: paghi solo se ci sono risultati.

Le vecchie pubblicità ad impression, hanno smesso di funzionare nel corso degli anni perché non erano sufficientemente cliccate.

La gente ha cominciato ad ignorare completamente i banner, ad escluderli dalla vista, e così nessuno vi ha più investito.

Un tempo si pagava 2,5 centesimi per la sola visualizzazione, e poi cliccava uno su cento o anche meno. Si arrivava a spendere 2 o 3 euro per un click, decisamente troppi. Oggi puoi spendere 5 centesimi per acquistare pubblicità, quindi una cifra di gran lunga inferiore.

Come avrai avuto modo di notare, i risultati di una ricerca appaiono su internet in un certo ordine. Il fatto di essere primo, ti consente di avere più visitatori. Ovviamente il primo risultato viene cliccato di più perché è il primo ad essere visto. Il secondo un po' di meno, il terzo ancora meno.

Innanzitutto c'è da dire che esiste un modo per farsi notare pur non essendo i primi della lista, ed è quello di costruire un annuncio originale che attiri l'attenzione, anche un po' provocatorio e ironico, tipo:

Tu non sarai mai ricco.

Io invece lo sono diventato

grazie a questa guida online

www.faresoldionline.it

SEGRETO n. 9: crea un annuncio originale e provocatorio per attirare l'attenzione delle persone.

Nel presentarti la possibilità di acquistare pubblicità, il sistema di Google ti consiglia di investire cifre abbastanza elevate, anche da 1 a 5 euro a click, a seconda della parola chiave che hai scelto. Quindi ti dà un budget stimato per apparire per primo fra i risultati. È vera questa cosa? In parte sì. Più offri, maggiori sono le tue possibilità di successo, esattamente come succede durante un'asta.

Però è anche vero che non esiste solo questa componente, ce ne sono altre più importanti. Se ti basi solo sul pagare tanto, spenderai molti soldi ed otterrai risultati normali. Al contrario, tu vuoi spendere pochissimo e ottenere risultati straordinari.

Riassumiamo il funzionamento del pay per click, perché è importante che tu lo abbia afferrato bene. Crei un account su

Adwords, metti il tuo nome, cognome, dati e così via. Ti chiederà di scegliere alcune parole chiave sulle quali vuoi apparire. Ad esempio, dici che quando l'utente digita la parola "ricette", vuoi apparire con il tuo annuncio. Poi, magari, dici che vuoi apparire anche quando l'utente digita la stessa parola, ovvero "ricette", combinata con altre ad essa correlate, come ad esempio, "ricette cucinare", "ricette cinesi". Il tuo annuncio, a questo punto, potrebbe avere il seguente testo:

Guida Ricette Cinesi
Migliora la tua cucina cinese
con 150 esclusive ricette pronte
www.ricette-cinesi.it.

Ogni volta che una persona cercherà la parola "ricette" o una delle altre parole che hai selezionato, apparirà il tuo annuncio; se poi verrà cliccato, allora tu pagherai la cifra che hai impostato. Poiché sulla parola "ricette" c'è molta concorrenza, probabilmente Google Adwords ti consiglierà di pagare una cifra sostenuta per aspirare ad arrivare ai primi posti, magari 80 o 90 centesimi o addirittura un euro invece del minimo di 0,05.

Ci sono delle parole chiave in America, dove tutti usano Adwords, tipo "mutui" o "real estate", cioè immobili, che sono talmente ricercate da costare fino a 4-5 euro per click. Ti senti male se ci pensi. Però le aziende che trattano immobili, sono disposte a pagarli perché il margine di guadagno è poi elevatissimo, quindi ne vale la pena.

Il problema è capire quanto puoi arrivare a spendere. Io però penso che bisogni sempre cercare di spendere il meno possibile. Oggi ti insegnerò come investire al massimo 10 centesimi anche su termini come "ricette" e massimo 5 centesimi su combinazioni di parole correlate a termini molto ricercati, come "ricette cucinare" ed altri. Non voglio che tu spenda di più, perché, altrimenti, non arrivi a coprire il tuo investimento.

Una buona media è un acquisto ogni cento visite, quindi ogni cento click. Se compri 100 click al prezzo di un euro ciascuno, avrai speso 100 euro. Se la tua guida costa 100 euro ed un solo visitatore compra, sarai andato in pari, non avrai guadagnato niente, quindi non vale la pena. I tuoi click li deve pagare massimo 10 centesimi l'uno, in modo che quelle 100 persone le avrai pagate 10 euro in totale, vendi 100 euro di prodotto ed hai un ritorno di 90 euro netti, che è moltissimo. Spendi 10, ricavi 100 e guadagni 90. In termini finanziari, il ROI netto è del 900%!

In Borsa e nel settore degli immobili, se li sognano margini di guadagno così alti. Il motore di ricerca ti permette un ritorno sull'investimento del 1.000, 2.000, 3.000 per cento, anche su singoli annunci, su campagne che durano una settimana. Fornisce percentuali altissime su un investimento che può anche essere molto basso.

Questo è tanto più importante quanto più non hai un prodotto tuo. Se partecipi ad un programma di affiliazione, puoi vendere i prodotti di altri e guadagnare una percentuale sulle vendite.

A me, grazie ad un servizio che offre la mia carta di credito, arriva un sms ogni volta che mi viene fatto un addebito. Ogni 2-3 giorni mi arriva l'sms di Google per dirmi che gli ho lasciato 500 euro, 600 euro. Perché spendo tanto? Perché so che questi soldi, automaticamente, mi rientrano moltiplicati. Più spendo e più guadagno. Spendo 1.000, mi entrano 3.000, spendo 10.000, mi entrano 30.000. È matematico, ecco perché è necessario imparare strategie.

SEGRETO n. 10: pagare pochi centesimi i tuoi visitatori, fa la differenza tra un investimento sbagliato e uno di successo.

Se hai già letto il mio libro *Fare Soldi Online in 7 Giorni* e ti sei messo in attività, sei fortunato a leggere queste nuove strategie. Perché, altrimenti, rischieresti di spendere troppo in pubblicità, in tecniche non ottimizzate e chissà in che altra cosa. Vale sempre la pena investire per imparare delle strategie che ti aiutino e ti servano per la tua formazione.

La questione più importante è partire bene, analizzare il target e trovare un mercato che di persone interessate ne abbia tante. Infatti, potresti anche comprare pubblicità per sponsorizzare carta da parati, ma se la carta da parati non è un prodotto che su internet si vende bene, allora staresti facendo l'investimento sbagliato.

Quindi, innanzitutto, devi scegliere un settore che funziona. Infatti, se scegli di fare un sito web su un qualcosa di relativamente inutile, la tua impresa è destinata a fallire. In realtà questo è un discorso relativo, perché per qualsiasi genere di prodotto, puoi trovare qualcuno cui serve. Ad esempio, se realizzi un sito sulle moquette, potrà esserci comunque qualcuno che lo troverà utile, se ben costruito e realizzato con cura e attenzione.

Però ci sono dei settori che funzionano da sempre, sono gli stessi da dieci anni a questa parte, non sono cambiati, nonostante l'evoluzione delle cose, e sono i seguenti: la musica, il sesso, la telefonia, il software e le cose gratis.

Partiamo dal primo settore, il sesso. Pensi che ti possa andare a genio dedicarti a un e-commerce a sfondo sessuale? Probabilmente no. Comunque dipende da te, puoi anche farlo. Io non me ne sono mai occupato perché non mi interessa il campo. Non mi piace l'idea di lavorare alla creazione di un'azienda basata sul sesso o sulle chat line erotiche. Sicuramente c'è chi lo fa, è pieno di siti hard, però non è un settore che a me personalmente piace. Oltretutto la concorrenza è tale da non lasciarti molto spazio per emergere.

Puoi parlare di musica? Sicuramente. Tuttavia qui i contro consistono nel fatto che fornire file audio gratis è illegale. Inoltre ci sono ormai i grandi portali che offrono musica a pagamento con prezzi molto contenuti e ti fanno scaricare una canzone anche a 99 centesimi. Quindi, anche questo settore è da sconsigliare. In un caso avresti problemi con la legge, nell'altro saresti schiacciato dalla concorrenza.

Faresti un sito sul gratis? Forse la parola "gratis" è una delle più ricercate su internet. Però sarebbe un controsenso proporre degli acquisti ad un target che sta cercando materiale gratis. Ma anche in questo settore esistono casi di grande successo. Sicuramente conosci il sito "Tuttogratis" che è tra i 20 siti più visitati d'Italia. Di Tuttogratis conosco molto bene i responsabili, e saltai veramente sulla sedia quando seppi, nel 2000, momento del boom delle società internet, che il 10% del sito era stato acquistato dal gestore del portale "SuperEva" per 5 miliardi di lire. Mi dicevo, incredulo: «Come? Per il 10%, 5 miliardi di lire?», mi sembrava una cifra assurdamente spropositata. Poi ho scoperto che era il sito web più visitato in Italia sul gratis, con 40 milioni di contatti e numeri che funzionano, quindi un grande valore, specie all'epoca. Tuttora è uno dei siti più visitati, offre un gran numero di contenuti, alcuni anche a pagamento con banner e così via, quindi funziona, va bene, va per la sua strada.

Pensa a questo però: se costruisci un sito sul gratis, a parte avere dei contatti, cosa vendi ai visitatori? Che target di utenti arriva su un sito che offre il gratis? Gente che vuole roba gratis, quindi non è disposta a pagarti un prodotto, a meno che non sia qualcosa di eccezionale. Se qualcuno arriva sul tuo sito perché ha cercato la parola "gratis" sul motore di ricerca, in linea di massima non è disposto a pagare, sei d'accordo? Non è il target giusto, secondo me. Quindi, per quanto sia la parola chiave più ricercata, per quanto possa funzionare e tu possa avere un gran numero di visitatori, non troverai, tra loro, nessuno pronto a darti un euro.

Quindi, attenzione, devi saper distinguere, ci sono cose che funzionano, sì, ma attirano un target disposto anche a pagare per quel materiale? Nel caso del gratis la risposta è no. Quindi ti sconsiglio un sito che sia solo sul gratis. In ogni caso il gratis, dosato con intelligenza, può attirare persone e questo ha dei vantaggi, ovviamente.

La telefonia? È qualcosa che funziona ancora molto bene. Vi sono servizi, suonerie, contenuti, sms, video. Poi, ora che c'è l'UMTS (Universal Mobile Telecommunications System), molte persone scaricano video a pagamento. Quindi è un settore che, secondo me, va approfondito per bene.

Pensiamo al settore del software. Magari crei un software o ti fai creare un software da qualcuno, lo metti in vendita e funziona. Ad esempio, una persona che ha seguito il mio corso Fare Soldi Online™, ha creato un software per inviare messaggi gratuiti dal cellulare. Attenzione, questa è una forma di gratis interessante, perché lui comunque il prodotto lo vende, però ti permette di mandare poi gratis dal cellulare gli sms, con questo sistema, quindi, ti ripaghi il software e risparmi una quantità di soldi.

L'idea è straordinaria, funziona e sta andando molto bene. Questo è l'importante, avere idee, farti venire molte idee. I settori funzionano ma, attenzione, che sia roba che venga pagata.

SEGRETO n. 11: molti settori funzionano bene su internet, ma solo per alcuni si è disposti a pagare denaro.

Ti fornirò, ora, una risorsa utili per orientarti nel mondo dell'e-commerce e per capire al meglio quale sia il settore più giusto per te. Non buttarti mai in un settore prima di aver analizzato se funziona: rischieresti di sprecare tempo, denaro e risorse. Nella mia esperienza di Coach finanziario, ho aiutato due miei clienti ad evitare degli investimenti perdenti in partenza. L'uno voleva rivendere "ricette per il caffè", l'altro "apparecchi per magnetoterapia". Senza nulla togliere al valore di questi prodotti, la realtà delle analisi di mercato diceva che queste parole chiave erano state ricercate non più di 2/3 volte in un mese. Questo significa non fare neanche una vendita, e non è certo l'obiettivo che mi pongo per i miei clienti.

Si tratta di un servizio che ti dice quante volte una certa parola chiave è stata ricercata nei motori di ricerca nel mese precedente. In questo modo, puoi avere dati esatti e concreti circa quanto un certo settore risulta interessante e ricercato dal pubblico. Si tratta del Keyword Planner di Google grazie al quale ti puoi fare un'idea delle ricerche quotidiane su determinate parole chiave.

SEGRETO n. 12: Keyword Planner di Google ti aiuta ad individuare con precisione i settori che funzionano.

Ovviamente, devi aver riguardo ad assicurarti parole che rendano più possibile visibile e visitabile il tuo annuncio. Dunque, ritornando all'esempio delle ricette, non comprerai non solo il termine "ricette", che ti dà la possibilità di essere cliccato da un gran numero di persone, ma potresti comprare anche parole correlate come "ricette cinesi", "ricette americane" o "ricette cucinare" da abbinarvi, in modo da allargare notevolmente la cerchia dei tuoi possibili visitatori.

Ma c'è una cosa importante da sottolineare. Guarda il binomio "ricette cucinare": ha un volume di ricerca comunque ancora alto, infatti è fra le prime quindici parole relative alle ricette; però vi è una concorrenza estremamente limitata. Questo vuol dire che se compri un annuncio con la combinazione di queste due parole, lo paghi pochissimo. Al massimo 5 centesimi, che è veramente niente, ed è il segreto per fare un investimento di successo su internet.

Quindi, il Keyword Tool di Google ti fornisce subito delle parole chiave molto cliccate, ma con pochissima concorrenza, il che ti garantisce di poter pagare poco i tuoi click.

SEGRETO n. 13: il Keyword Tool di Google, ti indica le parole chiave su cui puoi risparmiare tantissimo denaro.

Il bello della pubblicità sui motori di ricerca, sta nel fatto che è l'unica che ad oggi funziona e, anzi, è in espansione. Il fatto è che puoi avere visitatori a un prezzo irrisorio, 5 centesimi l'uno o poco più. Non c'è paragone con la pubblicità sulle riviste, con la pubblicità offline, con campagne di marketing che comportano un sacco di spese.

Per questo dico che passare da 100 a 500 visitatori richiede pochissimo. Facciamo due conti, 5 centesimi per 400 fa 20 euro, e, con questa cifra, puoi moltiplicare il numero dei visitatori, magari arrivando a decuplicare i tuoi guadagni giornalieri, come abbiamo visto all'inizio. Alcuni studenti, durante le mie lezioni, mi chiedono se possono comprare una parola che richiami molti visitatori, prendiamo il solito esempio, "ricette", per poi pubblicizzare un prodotto diverso, ad esempio delle scarpe. Certo, il target di persone che ha interesse ai due tipi di prodotti può essere simile, si tratta sempre di qualcosa di utile. Tuttavia io mi sento di sconsigliare questa politica. Se una persona clicca su "ricette" lo fa perché, bene o male, cerca argomenti attinenti alla cucina. Se chi ha comprato la parola "ricette" l'ha fatto solo per attirare molte persone ma poi fa trovar loro un sito che parla di scarpe, la cosa non funziona.

Qualche anno fa c'era chi adottava questa strategia, comprava le parole chiave più cliccate come sesso, mp3, musica per poi vendere tutt'altro prodotto. Ma la verità è che se la gente non ti clicca almeno un certo numero minimo di volte, Google ti toglie, non ti fa più apparire tra i risultati, quindi automaticamente ti esclude. È giusto così.

La questione è che, comunque, anche la parola "scarpe" è tra le più ricercate ed attira moltissimi visitatori, quindi c'è tutto un mercato dedicato in cui il commerciante online può crearsi la sua nicchia piccola o grande che sia. Il consiglio è quello di investire sempre nel tuo settore. Basta provare. Se cerchi la parola "scarpe", ti renderai conto che viene cliccata, in media, 20.000/30.000 volte al mese. Per non parlare poi delle specifiche riguardanti le varie marche ed i vari tipi, da ginnastica, eleganti, per il tempo libero e così via. Migliaia di ricerche sulle quali puoi investire. Con il Keyword Tool di Google, puoi riuscire a scovare parole chiave con concorrenza assente e quindi molti visitatori a costi irrisori.

L'intelligenza, a questo punto, sta nel saper usare bene questo strumento per individuare parole chiave che ci permettono di poter pagare una cifra irrisoria a visitatore.

A questo punto, diventa facile scovare nuovi settori, oltre ai classici di cui abbiamo parlato, che possano appassionare il grande pubblico. Sfrutta le tue idee, le tue passioni, il tuo talento. Non so, una moglie fa la casalinga e dice: «A me piace cucinare e sono bravissima nel farlo», bene, che scriva una guida alle ricette. C'è spazio per tutti. Chiunque abbia in mente di organizzarsi un'attività tramite qualcosa di cui è appassionato ha buone probabilità di riuscire. Puoi scrivere una guida, realizzare un libro, un ebook o un sito web su cui, magari, all'inizio fornisci prodotti gratis e poi, col tempo, inserirci uno o più prodotti da vendere.

Se non hai un sito, non hai idee, non hai nulla, scava dentro di te. Cosa sai fare bene? Cos'è che ti piace fare? Sei un appassionato di motori? Bene, dedicati a creare un sito sulle automobili. Poi, magari, cerchi qualcuno che venda prodotti correlati, lo contatti, prendi accordi e li sponsorizzi sul tuo sito percependo una percentuale sulle vendite. Ad esempio, ho visto un sito di questo genere pubblicizzare un prodotto che, posizionato accanto al carburatore, permetteva di risparmiare il 20% di benzina.

Ecco perché dico che non è necessario avere a tutti i costi un tuo prodotto. Parti dalla tua passione e poi il prodotto lo trovi, magari vendi quello di qualcun altro in cambio di una commissione: questo fa parte dei programmi di affiliazione, partnership e così via.

Lo strumento di Google ti serve per capire quali parole chiave costano pochissimo, però, ovviamente, se costano poco e c'è poca concorrenza, anche il numero di click non è altissimo. Ma io ti garantisco che è comunque alto perché se quelle parole escono su Google, vuol dire che almeno qualche decina di migliaia di persone le ricercano ogni mese. D'altra parte, se vuoi arrivare al target dei 477.000 che cercano ricette, dovrai comunque investire su parole ad alto tasso di visitatori, "ricette" è una di queste e tu hai bisogno di sapere come fare per pagarla poco. Altrimenti Google ti chiederà di offrire troppi soldi.

E allora, come fare? A questa domanda risponderò tra poco svelandoti la formula segreta di Google per stare al primo posto pagando il minimo indispensabile. Utile? Io direi che questo è il valore aggiunto più importante che c'è in questa guida rispetto alle mie precedenti pubblicazioni, perché non è scritta da nessuna parte, non la conosce praticamente nessuno e soprattutto non dipende da quanto tu puoi offrire.

Quindi, per quanto Google ti suggerirà: «Per questa parola chiave, se vuoi arrivare al primo posto devi spendere 1 euro a click», non ci credere, è un'esagerazione assurda, esiste comunque un metodo per pagarla 5 o 10 centesimi al massimo. Io non ho parole chiave che pago più di pochi centesimi. Grazie alla formula segreta dell'Ad Rank di Google Adwords.

RIEPILOGO DEL GIORNO 2:

- SEGRETO n. 8: il pay per click è il metodo più veloce ed efficace per trovare visitatori a bassissimo costo.

- SEGRETO n. 9: crea un annuncio originale e provocatorio per attirare l'attenzione delle persone.

- SEGRETO n. 10: pagare pochi centesimi i tuoi visitatori, fa la differenza tra un investimento sbagliato e uno di successo.

- SEGRETO n. 11: molti settori funzionano bene su internet, ma solo per alcuni si è disposti a pagare denaro.

- SEGRETO n. 12: Keyword Planner di Google ti aiuta ad individuare con precisione i settori che funzionano.

- SEGRETO n. 13: il Keyword Tool di Google, ti indica le parole chiave su cui puoi risparmiare tantissimo denaro.

Giorno 3: Formula Segreta di Google

Arriviamo ad uno degli argomenti clou della guida, ovvero il mio speciale su Google: *la formula segreta frutto di anni di test ed esperimenti*. Ti porterò a scoprire i criteri di funzionamento di Google: come creare annunci che funzionano, come pagarli poco e tanti altri piccoli segreti che nessuno conosce.

Google è il motore di ricerca più importante al mondo. Come puoi vedere, vi sono alcuni annunci cerchiati in rosso, si tratta dei cosiddetti annunci sponsorizzati, gli altri sono normali risultati del motore di ricerca.

Noterai che la pubblicità sta prendendo il sopravvento rispetto ai risultati normali, è il futuro, è quello che attualmente fa guadagnare tanti milioni di dollari a Google, che lo rende una incredibile potenza. Questo perché in Google c'è gente intelligente, in gamba, che è partita da zero. Non c'è il figlio di papà che ha ereditato una fortuna, ma gente veramente forte. Allo stesso modo di Bill Gates, che può essere simpatico o antipatico ma resta comunque un genio.

Quando ho registrato il mio videocorso *Ricchezza*, dissi che investire su Google sarebbe stato un grande affare, e, ai tempi, il valore di un'azione Google si attestava sui 200 dollari. Ripresi l'argomento diversi mesi più tardi, durante la registrazione di un altro mio videocorso *Vincere in Borsa*. Il valore di Borsa del titolo, nel frattempo, era passato da 200 a 350, e ora è arrivato ad oltre 400 dollari. Quindi, chi aveva appreso le mie strategie, aveva visto raddoppiati i propri soldi in pochissimo tempo.

Per lo stesso motivo segui con molta attenzione quello che sto per dirti adesso. La formula per essere primi sugli annunci di Google è il frutto di molti mesi di lavoro, anche anni, trascorsi a fare test ed esperimenti.

È una formula di immenso valore per chiunque investa su internet, perché ti permette di risparmiare decine di migliaia di euro all'anno in pubblicità e di trasformare un cattivo investimento in un ottimo investimento.

Io ho centinaia di affiliati che rivendono con successo i miei prodotti. E, molto spesso, queste persone mi scrivono per chiedermi se i loro risultati sono buoni o nella media. Prendiamo il caso di un affiliato che mi ha mandato 1.000 click e ha fatto 10 ordini per un guadagno medio di 300 euro.

Secondo te è un buon investimento? Non lo puoi sapere. Né lo posso sapere io. La risposta dipende da quanto lui abbia pagato quei 1.000 click. Perché se li ha pagati 10 centesimi l'uno, ha speso 100 euro e ha fatto un ottimo investimento. Speso 100, guadagnato 300, davvero ottimo. Ma se quei click li ha pagati 50 centesimi l'uno perché, semplicemente, ha impostato il budget e il CPC (cost per click) suggerito da Google Adwords, allora avrà speso 500 euro. Spesi 500, guadagnati 300: persi 200 euro, un pessimo investimento.

Quindi ciò che fa veramente la differenza è quanto tu paghi un click. Se sbagli questa impostazione, sbagli l'intero investimento e ti bruci per sempre la possibilità di fare soldi online.

SEGRETO n. 14: se paghi troppo i click su Google Adwords, allora il tuo investimento sarà perdente.

Ogni forma di investimento va misurata e calcolata in anticipo. È facile fare soldi su internet, molto più facile che in qualsiasi altra attività che io conosca, ma ci vogliono le giuste strategie.

Io, ad esempio, conosco molto bene due dati statistici importanti relativi alla Bruno Editore: so che la vendita media per cliente è di 260 euro e che, poiché l'annuncio è fatto bene, 1 persona su 100 compra. Quindi 100 visitatori mi valgono 260 euro, perché 1 di loro spenderà in media proprio quella cifra. Questo vuol dire che nei miei annunci, posso arrivare a offrire 2,60 euro a click. Se riesco a spendere meno di questa cifra, allora guadagno. Se, come sono solito fare, imposto un costo per click massimo di 0,05 o 0,10, allora il ritorno sull'investimento è davvero notevole.

Però la condizione necessaria affinché io e te possiamo offrire solo 5/10 centesimi ed essere comunque visibili nei risultati di Google, è la strategica conoscenza della segretissima formula segreta dell'Ad Rank di Google. Cos'è l'Ad Rank? Il posizionamento che si riesce ad ottenere tra gli annunci pubblicizzati.

Eppure tutti pensano che la posizione tra gli annunci dipenda da quanto offri come costo per click. Cioè se tu offri 1 euro a click e io offro 10 centesimi, poiché la classifica si basa su una sorta di asta, tu dovresti stare più in alto di me. È corretto?
In fondo Google vuole guadagnare e, in teoria, dovrebbe preferire mettere te in alto, così ogni click gli vale 1 euro guadagnato.

Invece quando cliccano su di me, Google guadagna solo 10 centesimi. Ma ecco il dubbio da insinuare: che succede se il mio annuncio è fatto così bene che anche trovandosi più in basso del tuo viene cliccato 20 volte e il tuo solo 1 volta? Che Google guadagna da te sempre 1 x 1 euro = 1 euro. Da me invece guadagna 20 x 0,10 = 2 euro.

Quindi, se il mio annuncio è fatto secondo alcune specifiche che ti dirò a breve, allora Google guadagnerà più da me che da te. Quindi, anche se tu offri più di me, il mio annuncio scalerà in prima posizione perché funziona meglio del tuo.

SEGRETO n. 15: Google stabilisce la classifica anche in base a quanto guadagna tramite il tuo annuncio.

E mentre nella tua testa cominciano a frullare tante idee sul significato di quanto ti ho detto in queste ultime righe, inizia a pensare a cosa questo possa significare. A come questo possa far affluire più denaro nelle tue tasche e come possa farti risparmiare migliaia di euro. Specie dopo averne spesi tantissimi su Adwords senza conoscere queste strategie.

Ma prima di andare avanti con le spiegazioni tecniche, direi che è arrivato il fatidico momento per svelarti la formula dell'ad rank, ovvero di come viene stabilito l'ordine esatto degli annunci di Google Adwords. È emozionante per me svelarti questa formula che mi è costata migliaia di euro spesi in pubblicità e anni di esperimenti sul campo. La formula è aggiornata al 2008 grazie agli ultimi test che ho condotto:

AD RANK = CPC x Quality Score

CPC = costo per click

QUALITY SCORE = CTR + HKP + RKA + CLP + OFR

- **CTR** (40%):   percentuale di click
- **HKP** (25%):   performance storica keyword
- **RKA** (15%):   rilevanza della keyword nell'annuncio
- **CLP** (15%):   contenuti della landing page
- **ORF** (05%):   altri fattori rilevanti

Questa formula matematica significa che la posizione in classifica del tuo annuncio è data dal costo che sei disposto a pagare (CPC) moltiplicato per il Quality Score, ovvero per un punteggio di qualità dato dalla somma di tutti gli altri fattori: ad esempio quante volte il tuo annuncio viene cliccato, il tipo di parole chiave utilizzate e così via.

SEGRETO n. 16: l'Ad Rank prende in considerazione sia il Costo Per Click sia una serie di parametri indicati dal Quality Score.

Analizziamo uno ad uno i singoli elementi, così che tu possa avere tutte le idee ben chiare.

CPC (*cost per click*): ovvero quanto sei disposto a pagare per il tuo click, i famosi 5/10 centesimi, fino a qualche euro. Quanto offri in termini di denaro è importante, certamente. Se offri 10 euro per un annuncio, sì, apparirai sicuramente per primo, solo che saresti un folle.

Il CPC lo stabilisci tu, dipende da quanto sei disposto a pagare per l'annuncio. In genere ti viene chiesto il CPC *massimo* che sei disposto a pagare: infatti essendo un'asta, se offri un euro ma la seconda persona offre 50 centesimi, quando qualcuno clicca sul tuo annuncio, tu non spendi un euro, ma 51 centesimi, cioè un solo centesimo in più rispetto all'offerta inferiore, quanto basta per superarla.

Nello stesso modo, se una terza persona offre, ad esempio, 10 centesimi, la seconda, che ha offerto 50, ne pagherà in realtà 11. Questa è già una cosa positiva, cioè Google ti permette comunque di risparmiare. Tu inserisci il costo massimo che sei disposto a sostenere però, tendenzialmente, spendi di meno. Quindi, se non ci sono altri concorrenti, paghi il minimo, anche se offri un euro.

Sappi che in America si ingaggiano vere e proprie guerre tra partecipanti all'asta. Ragionano in questo modo: uno che è disposto ad offrire 50 centesimi, comunque ne paga 11 perché la persona che lo segue come livello di offerta ha detto 10 centesimi. Però dato che lui vuole fare un dispetto a quello che lo precede, e che ha offerto un euro, mette come massimale di spesa 99 centesimi. Quindi cosa succede? Lui paga sempre 11 centesimi perché chi lo segue ne offre 10, però quello che lo precede pagherà l'euro offerto per intero. A questo punto si innesca una contesa infinita, perché chi lo precede, non appena se ne accorge, offrirà 98 e non più 1 euro, così lo costringe a pagare 99 centesimi, mentre lui ne pagherà sempre 11.

A cosa serve tutto questo? Devi sapere che Google ti chiede di impostare un budget giornaliero da spendere in pubblicità, e quindi ogni concorrente cerca di far spendere più possibile agli altri per far consumare loro il budget, farli uscire di scena e diventare primo. Quindi comunque c'è un vantaggio per chi fa la guerra. Fortunatamente in Italia non se ne vede ancora traccia, perché sarebbe estenuante, oltre che scorretto.

Il massimo che mi è capitato è che qualche mio concorrente si sia divertito a cliccare i miei annunci, tanto per farmi spendere dei soldi. Non si è però reso conto che grazie ai suoi click il mio CTR è aumentato tantissimo e questo mi ha permesso di scalare la classifica e pagare sempre di meno. Quindi gli sono grato.

Il costo per click, ovviamente, è importante. Più tu offri e più stai in alto. Però non è l'unico parametro da tenere in considerazione perché va moltiplicato per il punteggio di qualità. Cioè il tuo annuncio deve essere rilevante, deve contenere parole chiave adeguate, e deve essere costruito in un certo modo. Il Quality Score, che è nella formula principale, è dato dalla somma di tutte quelle sigle, secondo una certa percentuale.

SEGRETO n. 17: maggiore è il Costo Per Click (CPC) che sei disposto a pagare, migliore è la tua posizione in classifica.

CTR (*Click-Through Rate*): è il dato più importante del Quality Score e pesa quasi la metà sull'intera formula. Misura percentualmente la quantità di persone che cliccano sul tuo annuncio. Quindi se costruisci l'annuncio sulle ricette inserendo la frase "vendesi scarpe", quante persone cliccheranno secondo te? Lo 0%, con un CTR pari a 0. Un costo per click qualsiasi, ad esempio un euro, moltiplicato per 0 fa 0. Quindi come verrai posizionato? È semplice, non ci sarai, verrai escluso. Dopo un tot di volte che il tuo annuncio viene visualizzato e non cliccato, ti estromettono perché hai totalizzato CTR 0%.

Il CTR minimo per rimanere nella lista è lo 0,1%. Finché lo hai, Google ti tiene. Quindi se anche solo una persona su 1.000 ti clicca continui a partecipare agli annunci, altrimenti sei fuori. Perché non rendi soldi, quindi sei perdente. Google è un'azienda, deve fare business, deve fare soldi, quindi se non gli rendi soldi, poiché tu paghi solo se ti cliccano, non c'è ragione che tu venga tenuto.

Per questo è importante creare un annuncio ben fatto, originale, e con specifiche ben precise per far sì che sia molto cliccato. Le mie percentuali di click sono spesso sopra al 10%: significa che per ogni ricerca fatta, il mio annuncio è al primo posto e circa un decimo delle persone vi clicca.

Parola chiave	Clic	Impr.	CTR ▼	Posiz. media
guadagnare soldi facili	2	10	20,00%	4,2
come fare i soldi	35	179	19,55%	1,1
fare soldi on line	11	58	18,96%	2,2
come fare tanti soldi	7	48	14,58%	1,1
come fare soldi	162	1.280	12,65%	1,6
fare soldi con internet	17	144	11,80%	2,5
fare soldi su internet	8	69	11,59%	2,7
fare soldi online	18	162	11,11%	2,1
investire soldi	18	163	11,04%	2,8
fare i soldi	8	78	10,25%	1,3
fare tanti soldi	5	50	10,00%	1,5
guadagnare soldi	78	812	9,60%	2,1

In alcuni frangenti, e per poche centinaia di visualizzazioni, sono riuscito a raggiungere anche percentuali più alte. Ovviamente non puoi mantenere un simile standard sul lungo termine, perché è impossibile, però puoi ottenere e conservare percentuali molto alte del 10, 15, ed anche 20%.

Per quanto tu possa offrire una cifra elevata, se il tuo annuncio non viene cliccato abbastanza, altre persone ti supereranno. Questo perché dalla formula del quality score che abbiamo visto prima, il CTR conta per il 40%, quindi moltissimo.

SEGRETO n. 18: maggiore è la Percentuale di Click (CTR) sul tuo annuncio, migliore è la tua posizione in classifica.

HKP (*Historical keyword performance*): si attesta al 25% l'importanza della performance storica della keyword nella formula del Quality Score. Tramite l'HKP Google è in grado di tenere traccia e valutare se quella specifica parola chiave è stata, nel tempo, molto o poco cliccata dagli utenti. Ti dice quindi se genera o meno molti click sugli annunci.

Ad esempio la parola "gratis", viene molto cliccata, quindi non è sufficiente che, magari, tu generi il 2% di click: è una percentuale troppo bassa. È troppo poco rispetto a quanto questa parola viene cliccata in genere. Se vai a cercare parole chiave cliccate per natura, come "sesso", "musica", "gratis" e così via, devi avere performance più elevate per distinguerti, altrimenti rimarrai nella media della storia di quella parola chiave. Anche quello conta, ma non dipende dal tuo annuncio, dipende dalla storia di quella parola chiave, non ci puoi fare nulla, non puoi intervenire direttamente.

SEGRETO n. 19: se una parola chiave ha una percentuale di click storica (HKP) molto alta, allora devi avere un CTR ancora più alto per migliorare la tua posizione in classifica.

RKA (*Relevance of the Keyword to the Ad*): si tratta della rilevanza della keyword nell'annuncio. La keyword è la parola chiave, quindi quella che la persona digita nel motore di ricerca. Se digita "ricette" trova il tuo annuncio. Nel tuo annuncio la parola ricette è presente? Sì, come nel nostro esempio iniziale:

Guida <u>Ricette</u> Cinesi
Migliora la tua cucina cinese
con 150 esclusive <u>ricette</u> pronte

www.ricette-cinesi.it

Magari ripeti quella stessa parola chiave 2-3 volte, e avrà, rispetto all'annuncio, una rilevanza molto alta, divenendo particolarmente importante. La singola parola chiave è tanto più rilevante rispetto all'annuncio quante più volte viene ripetuta all'interno del testo dello stesso. È importante anche la posizione nella quale scegli di inserirla. È inclusa nel titolo? È posizionata all'inizio o alla fine del titolo? Se sta alla fine, cambia! Perché abbia maggior rilevanza, è meglio metterla all'inizio. È un fattore che dipende da te, da come decidi di scrivere l'annuncio.

SEGRETO n. 20: più la parola chiave è presente e rilevante nel tuo annuncio (RKA), più è alta la tua posizione in classifica.

CPL (*Content of the Landing Page*): si riferisce ai contenuti della landing page, ovvero la pagina di atterraggio, cioè il sito a cui l'annuncio rimanda. Quindi scrivi l'annuncio sulle ricette, che rimanda al sito www.ricette-cinesi.it, dove la parola ricette è scritta tante volte ed è inserita in varie posizioni nel testo, magari nel titolo e così via. La landing page, la pagina di atterraggio, è rilevante rispetto alla parola chiave scelta, rispetto all'annuncio, quindi è un qualcosa di positivo in più che Google considera un fattore di qualità.

È molto importante che l'annuncio punti direttamente alla pagina del prodotto e non ad una pagina generica che rischia di disorientare l'utente. Questo è un consiglio che do sempre ai miei affiliati. Quando ci si iscrive al programma di partnership, si riceve una pagina con i link verso tutti i prodotti. Molti tra coloro che hanno aderito al programma di affiliazione, hanno invece linkato la home page del sito, però poi hanno fatto degli annunci specifici su Google tipo: «Vuoi vincere in borsa? Clicca qui», rimandando poi il cliente alla home page o al catalogo di tutti i prodotti e non va assolutamente bene. In quel caso l'annuncio era di tipo specifico quindi doveva rimandare alla pagina specifica del prodotto *Vincere in Borsa*, altrimenti si rischia di far perdere inutilmente tempo al cliente.

Se il sito è fatto male, Google se ne accorge, il cliente se ne accorge e lo perdi, semplice. Il fatto è che il cliente deve industriarsi a cercare la pagina che gli interessa e se dopo un paio di tentativi non la trova, se ne va. Invece è assai più logico che collegata ad un annuncio specifico, vi sia la pagina del prodotto cui ci si riferisce, possibilmente ben costruita, ed il gioco è fatto. Avendo riscontrato spesso questo errore, nel pannello di controllo ho raccomandato di costruire il link con il codice specifico della pagina del prodotto.

SEGRETO n. 21: più sono rilevanti i contenuti del sito (CPL) cui linka il tuo annuncio, più è alta la tua posizione in classifica.

Anche se molti esperti americani valutano i contenuti della landing page come poco rilevanti, indicando una percentuale del 5%, è mia opinione che il suo valore sia più alto, per lo meno da alcuni mesi a questa parte. Infatti, dai test che effettuo mensilmente per aggiornare la mia formula, è risultato che una landing page di qualità, migliora il Quality Score e, di conseguenza, sia la posizione in classifica sia la possibilità di tenere molto basso il costo per click.

Questo è dimostrato dai risultati ottenuti dai test effettuati quando abbiamo cambiato completamente le pagine dei prodotti su Bruno Editore. A parità di annunci, costo per click e percentuale di click, i nostri annunci sono saliti notevolmente in classifica solo avendo cambiato la landing page. Questo giustifica, a mio avviso, il considerare il fattore CPL con una percentuale almeno del 15%.

Un ulteriore esperimento atto a verificare la possibilità che potesse essere importante la quantità di pagine presenti sul sito, piuttosto che l'utilizzare il classico mini-sito, ha dato risultati decisivi e concreti: ad oggi un mini-sito risulta essere ancora la scelta migliore, in quanto non sembra esserci alcuna penalizzazione nel ranking di Google.

L'esperimento è stato relativamente semplice: ho pubblicizzato il mio videocorso di PNL attraverso una campagna pubblicitaria su Google Adwords. Un annuncio scritto bene, parole chiave accuratamente scelte, un CPC molto basso e un ottimo CTR da subito. Il dominio a cui rimandava il link era quello principale, cioè Bruno Editore, sito composto da centinaia di pagine e dall'alto TrustRank. Risultato: un'ottima posizione nel ranking di

Google Adwords. Definite queste variabili e questi risultati, ho fatto una sola modifica: ho cambiato la pagina di destinazione da Bruno Editore ad un mini-sito posto su un altro dominio che non contiene nessun'altra pagina al di fuori della pagina di vendita del prodotto.

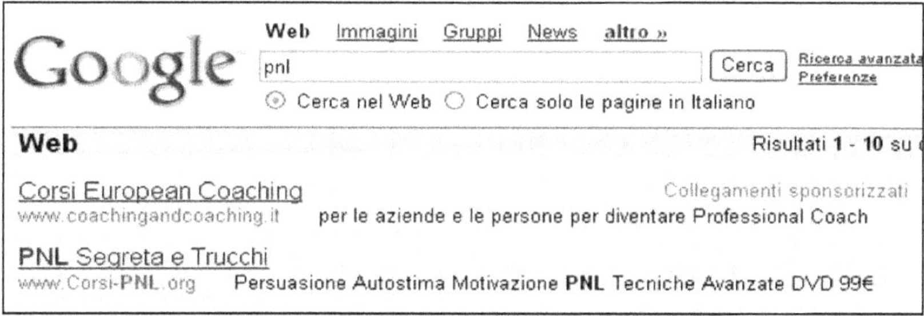

Ebbene, questo annuncio si è posizionato nello stesso identico posto di quell'altro, a dimostrazione che ad influenzare il ranking non è il dominio ma solo ed esclusivamente il contenuto della landing page (CLP), che senza dubbio merita una percentuale non inferiore al 15%. Nel capitolo 5 vedremo come creare una landing page di successo ed efficace ai fini del ranking e dell'abbassamento del costo per click.

ORF (*Other Relevance Factors*): si tratta di altri fattori rilevanti, di cui però nessuno conosce il contenuto esatto e che Google si guarda bene dal diffondere. Altri parametri, che comunque contano poco, un misero 5% sul totale del punteggio di qualità. Per riepilogare:

AD RANK = CPC x Quality Score

CPC = costo per click

QUALITY SCORE = CTR + HKP + RKA + CLP + OFR

- **CTR** (40%): percentuale di click
- **HKP** (25%): performance storica keyword
- **RKA** (15%): rilevanza della keyword nell'annuncio
- **CLP** (15%): contenuti della landing page
- **ORF** (05%): altri fattori rilevanti

Riassumendo, posso dire che il lavoro di ottimizzazione più intenso per sfruttare queste conoscenze, va fatto sul testo dell'annuncio. Infatti, costruendo un annuncio adeguato, puoi inserire le parole chiave più giuste e al posto giusto (RKA) e aumentare moltissimo la percentuale di click (CTR). Facendo poi un ulteriore lavoro di ottimizzazione della pagina di vendita

(CLP), i tuoi annunci arriveranno matematicamente al primo posto, anche senza offrire più di 10 centesimi di euro.

Per aumentare il CTR dei tuoi annunci, cioè la percentuale di click, e, in generale, la rilevanza del tuo annuncio, basta inserire almeno nel titolo la parola chiave che le persone stanno cercando. Facile vero? Se tu compri la parola chiave "ricette", e intitoli l'annuncio "Guida alle ricette", hai inserito la parola chiave nel titolo, e sei a posto. Ma cosa succede se hai comprato "cucinare ricette", che, come abbiamo visto, non ha concorrenti? Che il tuo titolo è sempre "Guida alle ricette", e in quest'ultimo caso non vi sarebbe la parola "cucinare". E questo diventa un problema.

D'altronde non potresti creare un annuncio per ogni parola chiave, ci metteresti una vita. Compri cento parole chiave correlate alle ricette e l'annuncio è sempre lo stesso, funziona così. Quelle cento parole chiave saranno però leggermente diverse dal titolo che hai scelto per il tuo annuncio "Guida alle ricette", e questo ti fa perdere rilevanza.

C'è un modo per risolvere questa situazione? Sì. Lo conosce qualcuno? All'inizio lo conosceva solo un'azienda nel mondo che è eBay. eBay si è infatti messa d'accordo con Google nel modo che ti svelerò, per cui anche i tuoi annunci potranno essere sempre rilevanti e questo è fantastico. È uno strumento che mi ha decuplicato il CTR. Se avevo l'1%, è diventato il 10% perché rende il tuo annuncio sempre rilevante e fa sì che contenga sempre la parola chiave che la persona ha cercato, qualunque essa sia.

Google non pubblicizza questa funzione fondamentale nella guida ad Adwords. Probabilmente non vuole che si sappia perché per loro, effettivamente, comporta alcuni svantaggi. Ma tu la userai. In questo modo potrai aumentare facilmente e velocemente il tuo CTR e quindi ottenere risultati grandiosi ed essere primo in classifica.

Prima di svelarti, nel prossimo capitolo, il segreto per decuplicare il tuo CTR, vediamo però di comprendere meglio la fondamentale importanza del CTR, attraverso un esempio:

Azienda	CPC	CTR	100annunci	Su 1.000€
YYY	0,30€	1%	0,30€	3.333 click

ZZZ	0,20€	1,8%	0,36€	5.000 click

Abbiamo l'azienda YYY e l'azienda ZZZ. Noi sappiamo che l'azienda YYY è disposta a pagare 30 centesimi per un click, che per me è una cifra molto alta, ed ha un CTR, cioè una percentuale di clic, pari all'1%. Cioè, su 100 volte che viene visualizzato, 1 sola persona clicca. Un annuncio standard, niente di particolare, che viene cliccato una volta su cento.

Guardalo dal punto di vista di Google. Google riceve 100 ricerche, quindi per 100 volte evidenzia questo annuncio che viene cliccato a 30 centesimi. Quanto guadagna Google attraverso la tua pubblicità? 30 centesimi. L'azienda investe 1.000 euro, quanti click riceve? 3.333 click che, a 30 centesimi l'uno, dà, infatti, come risultato, ancora 1.000 euro. Quindi Google da questa azienda guadagna poco e l'azienda da Google riceve poco.

Ora diciamo che tu sia l'azienda ZZZ. Sei disposto a pagare di meno, 20 centesimi per click, però hai un annuncio fatto meglio, e quindi viene cliccato l'1,8% delle volte. Su 100 visitatori, 1,8 in media cliccano. Quanto guadagna Google dal tuo annuncio? 36 centesimi, giusto? 20 centesimi per 1,8 fa 36 centesimi. Quindi guadagna di più dalla tua azienda che non dalla prima, e quanti click ricevi sui 1.000 euro investiti? Ne ricevi 5.000. Quindi Google guadagna di più da te e tu ricevi di più da Google, questa sì è una filosofia win-win. Quale delle due aziende è più furba secondo te? La tua, la ZZZ, perché paga di meno e ottiene di più. Grazie alla formula segreta dell'Ad Rank. Probabilmente la prima azienda non la conosce. Fa la sua offerta, poi succede quello che succede, non sa dove si posiziona con il suo annuncio e quanto hanno pagato gli altri, sono informazioni che non possiede. Però sta di fatto che qualcuno riesce ad ottenere di più pagando di meno, quindi bisogna lavorare sulla qualità dell'annuncio.

Tante persone mi dicono: "Ah, ma io ho speso 60 centesimi per l'annuncio e poi non guadagno abbastanza", cioè le commissioni che guadagnano dalla vendita dei prodotti non arrivano a coprire le spese. Io dico sempre: "Hai pagato troppo, 60 centesimi per un annuncio è decisamente troppo".

Tornando alle nostre due aziende, abbiamo visto che la più furba è la seconda, ma noi siamo ancora più furbi. Infatti arrivo io con Bruno Editore e non intendo pagare più di 10 centesimi a click.

Azienda	CPC	CTR	100annunci	Su 1.000€
YYY	0,30€	1%	0,30€	3.333 click
ZZZ	0,20€	1,8%	0,36€	5.000 click
Autostima	**0,10€**	**4%**	**0,40€**	**10.000 click**

Faccio un annuncio ben strutturato che ottiene il 4% dei click. Quanto guadagna Google visualizzando il mio annuncio? 40 centesimi. Quindi più dei 36 dell'azienda ZZZ, più dei 30 dell'azienda YYY. Dato che Google vuole guadagnare, cosa fa? Mette per *primo* il mio annuncio perché gli rende di più.

Oltretutto questo è un ciclo che si autoalimenta. Se Google mi mette per primo cosa succede? Le persone vedranno prima il mio annuncio e lo cliccheranno di più: il mio CTR, la percentuale di click, aumenterà ancora. Quindi, se stando al terzo posto, perché offrivo di meno inizialmente, prendo il 4%, immagina se stessi al primo. Magari arriverò a percepire il 10% o il 20% di click, renderò ancora di più a Google, saremo entrambi più contenti, ed io manterrò la prima posizione.

Quanti click ricevo da Google con 1.000 euro investiti? 10.000 click! È il triplo rispetto alla prima azienda, eppure offro 1/3 dei soldi, 10 centesimi invece di 30, prendo 10.000 click invece di 3.333. Non conoscere queste strategia è una follia da un punto di vista economico e finanziario.

SEGRETO n. 22: con la formula segreta dell'Ad Rank, puoi spendere un terzo e ricevere il triplo dei click.

Ricordo che un mio cliente si era fatto fare una stima dei costi per click di alcune parole chiave. Analisi fatta da una delle agenzie di pubblicità online più famose d'Italia. La loro stima è stata di un CPC medio pari a 60-70 centesimi. Un prezzo folle! Al mio cliente, giustamente, non tornavano i conti: spendendo quelle cifre per fare la pubblicità non sarebbe riuscito neanche a ricoprire i soldi investiti.

Così siamo andati insieme su Google Adwords, gli ho aperto un nuovo account e gli ho impostato la campagna pubblicitaria: prezzo massimo per click 10 centesimi. Non un centesimo di più, perché non è necessario.

È chiaro che, se un principiante fa i conti basandosi, ad esempio, unicamente su quello che consiglia Google, senza provare a capire il meccanismo e le formule che ci sono dietro, si arrende facilmente. Si dice: "Se devo pagare un euro a click per la parola ricette e poi magari mi cliccano 30.000 persone, mi costa davvero troppo". Con il metodo che ti ho insegnato, invece, paghi di meno e ottieni di più. La formula dell'Ad Rank è un bene preziosissimo.

RIEPILOGO DEL GIORNO 3:

- SEGRETO n. 14: se paghi troppo i click su Google Adwords, allora il tuo investimento sarà perdente.

- SEGRETO n. 15: Google stabilisce la classifica anche in base a quanto guadagna tramite il tuo annuncio.

- SEGRETO n. 16: l'Ad Rank prende in considerazione sia il Costo Per Click sia una serie di parametri indicati dal Quality Score.

- SEGRETO n. 17: maggiore è il Costo Per Click (CPC) che sei disposto a pagare, migliore è la tua posizione in classifica.

- SEGRETO n. 18: maggiore è la Percentuale di Click (CTR) sul tuo annuncio, migliore è la tua posizione in classifica.

- SEGRETO n. 19: se una parola chiave ha una percentuale di click storica (HKP) molto alta, allora devi avere un CTR ancora più alto per migliorare la tua posizione in classifica.

- SEGRETO n. 20: più la parola chiave è presente e rilevante nel tuo annuncio (RKA), più è alta la tua posizione in classifica.

- SEGRETO n. 21: più sono rilevanti i contenuti del sito (CPL) cui linka il tuo annuncio, più è alta la tua posizione in classifica.

- SEGRETO n. 22: con la formula segreta dell'Ad Rank, puoi spendere un terzo e ricevere il triplo dei click.

Giorno 4: Annunci Originali

In base alla formula segreta dell'Ad Rank di Google, e in base agli esempi visti sinora, appare chiaro che la chiave per fare soldi online e risparmiare denaro su Google è senza dubbio un annuncio ben strutturato.

Hai presente quelli che trovi su Google, sul margine destro delle ricerche? Nello specifico sono composti da 4 righe: il titolo, in prima riga, linkato e quindi cliccabile, in colore blu. Poi abbiamo due righe di testo ed una terza riga con l'indirizzo del sito, detto URL visualizzato.

Su ogni riga si può lavorare bene, e va ottimizzata al meglio. Hai 25 caratteri da utilizzare per il titolo, pochissimi quindi. Solo 35 sulla seconda e terza riga del testo e anche sull'URL. Se non li ottimizzi, stai buttando via il tuo denaro.

Intestazione:	Fare Soldi Online™	Max 25 caratteri
Riga di descrizione 1:	Fai Denaro e Crea Rendite sul Web	Max 35 caratteri
Riga di descrizione 2:	Corso Nazionale, Roma 24 Marzo 990€	Max 35 caratteri
URL di visualizzazione:	http:// www.FareSoldiOnline.it/Evento2007	Massimo 35 caratteri
URL di destinazione:	http:// www.FareSoldiOnline.it	Massimo 1024 caratteri

L'url di visualizzazione è quella che effettivamente si vede nell'annuncio, mentre quella di destinazione è l'indirizzo esatto della pagina del prodotto, che, ovviamente, può essere molto più lunga e per la quale hai un limite superiore ai 1.000 caratteri.

SEGRETO n. 23: il segreto per fare soldi online con Google è sfruttare e ottimizzare al meglio i tuoi annunci.

TITOLO

Partiamo dall'inizio, vediamo i vari punti importanti riguardo al titolo. Nel titolo va assolutamente inserita la keyword (parola chiave) che hai scelto. Se hai scelto la parola chiave "ricette", allora il tuo titolo potrebbe essere "Guida alle ricette". Infatti nel momento in cui un utente cerca "ricette" su Google, ed esiste un annuncio che la contiene, quella parola risulta visualizzata in grassetto all'interno dell'annuncio stesso. Ci hai mai fatto caso? La parola chiave, sia nei risultati gratuiti che negli annunci a pagamento, viene scritta in grassetto. Si fa perché la parola in grassetto attira di più l'attenzione dell'utente e, quindi, a livello psicologico acquista maggiore rilevanza visiva, per cui è più probabile che l'annuncio venga cliccato. Guarda in questo esempio tratto dalla ricerca di "vincere in borsa" come vengano messe in grassetto tutte le parole "vincere" "in" "borsa":

È efficace che nel testo dell'annuncio tu inserisca anche verbi e "call to action". La call to action è l'invito all'azione. Se, ad esempio ci trovassimo in periodo natalizio, un'ottima call to action potrebbe essere: "Scarica la ricetta di Natale". Sotto le feste sono molto cercate le "ricette di Natale". Far scaricare qualcosa online è un invito all'azione che funziona molto bene su internet. Un qualcosa di immediato, di concreto.

In PNL, in Programmazione Neuro-Linguistica, studiamo le submodalità, i processi mentali. Un verbo viene visto, a livello di immagini mentali, come un'azione, quindi anche l'idea di scaricare ha in sé una valenza dinamica, che invita all'azione, al contrario di una frase statica come "Guida alle ricette". Se dici: "Scarica ora le ricette di Natale", è un verbo, un vero e proprio invito all'azione nel titolo.

In alternativa ai verbi, puoi usare parole che funzionano sempre, dette "hot words", parole calde, come "trucchi", "segreti", "sconti" o "gratis". Sono parole che puoi utilizzare affinché il tuo annuncio sia cliccato e le tue vendite siano soddisfacenti, che puoi adattare a qualsiasi prodotto tu venda. Il gratis usalo poco perché, come ti ho detto, per quanto molto cliccato, porta sul tuo annuncio persone dal target sbagliato, che non sono disposte a pagare per quello che hai da dare. Quindi attenzione, non sempre la cosa più facile è la migliore; in più, essendo inflazionata, rischi troppa concorrenza.

SEGRETO n. 24: inserisci nel titolo parole chiave, verbi con invito all'azione, o hot words che funzionano sempre.

La scelta migliore rimane comunque quella di inserire innanzitutto le keyword, le parole chiave, direttamente nel titolo. In questo modo, non hai solo il vantaggio di vedere in grassetto il tuo annuncio. Infatti, secondo la formula segreta dell'Ad Rank che abbiamo visto prima, avere la keyword nel titolo aumenta anche la rilevanza (RKA) del tuo annuncio, e quindi ti fa salire in graduatoria. Per questo è assolutamente indispensabile che ci sia.

Che succede però se, come abbiamo detto nel precedente capitolo, l'utente cerca su Google "ricette per cucinare"? Avrai sì "ricette" nel tuo titolo, ma non avrai invece "cucinare". Quindi il tuo annuncio sarà solo parzialmente in grassetto e solo parzialmente sarà rilevante rispetto alla formula dell'Ad Rank. E questo è il solito problema. L'ideale sarebbe creare un annuncio diverso per ciascuna parola chiave che acquisti, ma sarebbe un procedimento lunghissimo e molto faticoso. Per fortuna ho una soluzione molto efficace. Abbiamo detto che la keyword deve essere assolutamente presente nel titolo, ma come fai a sapere esattamente cosa ha cercato la persona? Puoi creare un annuncio singolo per ogni parola chiave. Ad esempio per la parola "ricette", scrivi "Guida alle ricette", se invece la parola chiave è "cucinare ricette", penserai ad un annuncio tipo "Impara Ricette per Cucinare" e così via. Però questo metodo non è efficiente, ogni volta dovresti modificare e creare un nuovo annuncio.

Ti sei mai chiesto come faccia eBay ad essere sempre presente qualsiasi parola chiave cerchi su Google? Se cerchi la parola "computer" ci sarà un annuncio di eBay con su scritto: "Compra computer su eBay", se poi cerchi la parola "cellulari", troverai un annuncio con su scritto: "Compra cellulari su eBay". E così via. Come è possibile? Hanno cento milioni di persone che stanno lì a scrivere annunci o c'è un segreto?

C'è un segreto e si chiama **"Titolo Dinamico"**.

È un meccanismo che inserisce automaticamente nel titolo quello che è stato cercato dall'utente. Quindi, se l'utente cerca "cucinare ricette", nel titolo del tuo annuncio apparirà "cucinare ricette". Quello che l'utente cerca, apparirà in automatico come titolo del tuo annuncio. È chiaro? Hai afferrato il concetto? Puoi far sì che qualsiasi parola che venga cercata su Google, diventi in automatico il titolo esatto del tuo annuncio. È importante che tu comprenda bene questo concetto, perché è un punto di svolta per il successo dei tuoi annunci.

Realizzare un annuncio che abbia un titolo dinamico è molto facile. Al posto del titolo classico "Guida alle Ricette" devi inserire esattamente queste parole:

{keyword:**Guida alle Ricette**}

Questo codice speciale farà capire a Google che si tratta di un titolo dinamico. In questo modo, se un utente cerca qualsiasi tipo di parola tra quelle che hai acquistato, quella stessa parola diventerà il titolo del tuo annuncio.

La stringa generale da inserire nel titolo del tuo annuncio è la seguente {keyword:**Titolo di Base**}. Ovviamente il titolo di base in neretto è personalizzabile. Questa stringa fa sì che nel tuo annuncio testuale appaia sempre la parola che l'utente ha cercato.

Ecco come fa eBay a far apparire in automatico un suo annuncio qualsiasi cosa cerchi. Gli annunci di eBay sono strutturati così:

Compra {keyword: } su eBay
Dove al posto della stringa compresa tra parentesi graffe appare di volta in volta la parola chiave che l'utente ha cercato su Google. Che siano computer, cellulari o qualsiasi altro tipo di prodotto.

Ora, poiché hai solo 25 caratteri utili per comporre il titolo, cosa succede se una persona cerca una frase di più di 25 caratteri? Ad esempio "Guida alle ricette cinesi o tailandesi per Natale": allora Adwords, ti inserisce quello che tu hai impostato come titolo di base, quindi "Guida alle ricette". In tutti gli altri casi, invece, se l'utente cerca "ricette", "ricette giapponesi", "ricette cinesi", tutte le parole chiave che tu hai comprato, in automatico diventano il titolo del tuo annuncio.

È fantastico, ti risparmia un sacco di tempo ed il CTR schizza, perché? Perché l'utente cerca una parola e, guarda un po', esce il tuo annuncio che è esattamente quello che lui sta cercando, con quel titolo in grassetto: non può far altro che cliccarlo!

SEGRETO n. 25: per decuplicare il tuo CTR, inserisci il Titolo Dinamico, utilizzando come titolo: {keyword:Titolo di Base}.

In Italia sono pochi a conoscere la strategia del titolo dinamico, quindi, al momento, non hai molti concorrenti. Può succedere che una persona, per caso, risulti tuo concorrente su una delle parole chiave che hai comprato, perché ha inserito esattamente la stessa parola, ma non è possibile che accada per tutte e cento. Non può aver fatto cento annunci diversi. Quindi questa strategia è in esclusiva per te e ti consiglio di sfruttarla da subito per trovare velocemente migliaia di nuovi clienti.

eBay imposta una stringa con titolo di base "Compra", e poi appare in tutti i casi in cui una persona digita compra, che sono infiniti: "Compra computer", "Compra cellulare", "Compra Nokia 7110". Quindi puoi impostare il titolo con una parte fissa, ad esempio, "Compra", ed una parte dinamica, come faccio io nei miei annunci. Si passa da 1% al 10%, da 0,5 a 5, 6, 7%, perché è esattamente quello che cerca l'utente, non poterebbe essere più mirato. Guarda questo mio annuncio che ha un CTR compreso tra il 6% e il 12%:

Se un utente cerca su Google "parlare in pubblico" l'annuncio diventa:

Parlare In Pubblico
Hai Paura di Parlare in Pubblico?
Segreti e Strategie Pratiche Guida

Se cerca su Google "paura del pubblico" l'annuncio diventa:

Paura Del Pubblico
Hai Paura di Parlare in Pubblico?
Segreti e Strategie Pratiche Guida

Se cerca su Google una frase lunga più di 25 caratteri tipo "come vincere la paura di parlare in pubblico" allora subentra il titolo di base e l'annuncio diventa:

Public Speaking
Hai Paura di Parlare in Pubblico?
Segreti e Strategie Pratiche Guida

Ti è chiaro il meccanismo, adesso? Usa nel titolo del tuo annuncio la stringa {keyword:**Titolo di Base**}, lasciando fissa la parte in rosso e modificando la parte in nero relativa al titolo di base. Lì puoi inserire quello che preferisci. Grazie a questa semplice modifica, il mio annuncio ha decuplicato il CTR ed è schizzato in prima posizione nella classifica di Adwords:

Parola chiave	Clic	Impr.	CTR	Posiz. media
parlare in pubblico	76	600	12,66%	1,2
comunicazione efficace	61	743	8,20%	1,3
public speaking	26	390	6,66%	1,3

Questo è un altro dei segreti di questo corso. Fondamentale, perché ti fa risparmiare tempo, fa sì che il CTR aumenti tantissimo e di conseguenza il tuo ranking, la tua posizione fra gli annunci. Conoscendo questo segreto, puoi permetterti anche di abbassare il prezzo che sei disposto a pagare, il costo per click. Tienilo basso perché sai di essere comunque in grado di ottenere moltissimi click, facendo alzare moltissimo il CTR.

Parola chiave	Clic	Impr.	CTR ▼	Posiz. media
guadagnare soldi facili	2	10	20,00%	4,2
come fare i soldi	35	179	19,55%	1,1
fare soldi on line	11	58	18,96%	2,2
come fare tanti soldi	7	48	14,58%	1,1
come fare soldi	162	1.280	12,65%	1,6
fare soldi con internet	17	144	11,80%	2,5
fare soldi su internet	8	69	11,59%	2,7
fare soldi online	18	162	11,11%	2,1
investire soldi	18	163	11,04%	2,8
fare i soldi	8	78	10,25%	1,3
fare tanti soldi	5	50	10,00%	1,5
guadagnare soldi	78	812	9,60%	2,1

Guarda anche queste statistiche relative all'annuncio del corso Fare Soldi Online: ho dei CTR compresi tra il 10% e il 20%, un risultato veramente straordinario. Nonostante io abbia offerto

CPC piuttosto bassi, molte parole chiave hanno una posizione media tra il primo e il secondo posto.

Ovviamente, a questo punto, fai attenzione alle parole chiave che acquisti. Se compri "ricette cinesi", nel tuo titolo apparirà il binomio "ricette cinesi". Se però poi nel tuo sito non ci sono, l'utente clicca sperando di trovarle, resta deluso e se ne va. Quindi compra solo parole chiave adatte, reali rispetto a quello che vendi.

Poi fai caso a questo, come ho scritto il titolo base?
{keyword:**Guida alle Ricette**}
Con l'iniziale delle parole in maiuscolo. Così facendo, anche se un utente cerca la parola "ricette" digitandola con l'iniziale minuscola, apparirà ugualmente con la R iniziale maiuscola. Se digiti l'intero titolo di base in maiuscolo, apparirà tutto in maiuscolo. In sostanza, hai anche modo di formattarlo come meglio desideri. Tuttavia ti sconsiglio di impostarlo tutto in maiuscolo, perché viene disapprovato da Google che non te lo passa. Usa, però, la prima lettera maiuscola perché funziona meglio del tutto minuscolo. Questi sono risultati che derivano

dall'esperienza. Prendi due annunci identici. Uno digitato interamente in caratteri minuscoli e uno con le iniziali delle parole chiave in maiuscolo, ti accorgerai che funziona meglio il secondo. Strano, ma vero.

Questo, come ti dicevo, va bene solo per keyword inferiori ai 25 caratteri, altrimenti apparirà il titolo di base. Ad esempio, il titolo di uno dei miei annunci è così costruito {keyword:**Fare Soldi Online**}. Cosa succede quando un utente cerca "guadagnare denaro"? Che nel titolo apparirà "guadagnare denaro" e non "fare soldi online". Se uno cerca "guadagnare denaro con internet attraverso gli ebook", andando così oltre i 25 caratteri concessi perché il titolo possa essere dinamico, appare invece "Fare Soldi Online".

Per cui, finché si rimane nei 25 caratteri, ciò che accade per il 90% delle ricerche, si troverà nel titolo la parola ricercata esattamente come digitata, rispettando anche il singolare ed il plurale. Con questa strategia, il titolo è veramente ben ottimizzato e ti garantisce un'altissima rilevanza coerentemente con la formula dell'Ad Rank.

TESTO (o BODY)

Passiamo ora alle righe dell'annuncio, cioè al testo vero e proprio. Hai a disposizione solo due righe di testo, con 35 caratteri per ciascuna riga e devi ottimizzarle al meglio. Affinché il tuo annuncio sia conforme alla formula dell'Ad Rank è necessario che in esse siano ripetute più volte le parole chiave. In questo modo appariranno in grassetto e aumenteranno la rilevanza (RKA) dell'annuncio nella classifica.

Quindi ripeti le keyword anche all'interno del testo dell'annuncio. Se il titolo è "Guida alle **ricette**", il testo potrebbe essere "Impara 100 **ricette** in pochi minuti. Guida completa alle **ricette** 20€". Stai lì a martellare con "ricette", perché? Perché è il tuo focus, perché hai comprato tutte parole chiave relative a "ricette". In questo modo, il tuo annuncio avrà molte parole in grassetto. La parola "ricette" risulterà in grassetto nel titolo e poi più volte nel body. Sarà quasi tutto in grassetto e quindi salterà maggiormente all'occhio, con conseguente aumento dei click e del CTR. Usa più volte nel corpo dell'annuncio la parola chiave in modo da aumentarne la rilevanza e da salire nel ranking.

Se hai delle parole chiave composte, come ad esempio "fare soldi online", allora devi mescolarne l'ordine nel testo. Invece di ripetere in continuazione tutta la frase, puoi scrivere "Scopri online come fare denaro. Guadagna soldi su internet". In questo modo lo parole ci sono tutte, ma eviti di essere ripetitivo, giacché la ripetizione eccessiva non è molto gradita a Google che potrebbe anche disapprovare il tuo annuncio.

Tra le parole chiave, usa pochissima grammatica. Non c'è bisogno di spiegare, non hai lo spazio per utilizzare un italiano corretto. Non digitare una frase complicata con articoli e segni di interpunzione come "Scarica l'ebook con tutte le ricette", o simili.

Molto meglio scrivere "Scarica ebook ricette", hai poco spazio, quindi utilizza parole concrete, evita inutili fronzoli. Elimina le virgole, usa al massimo un punto esclamativo perché Google non ne ammette di più. Niente punto esclamativo sul titolo perché, se lo inserisci, ti arriva un messaggio in cui si dice che c'è un problema sul tuo annuncio e che per questo è stato disapprovato. Il sistema ti indica l'errore e ti chiede di cliccare per verificare.

Tornerai al tuo annuncio e, una volta individuato e corretto l'errore, sei a posto. Può dirti "Punto esclamativo di troppo" oppure "Manca uno spazio", e così via.

SEGRETO n. 26: nel testo dell'annuncio ripeti le parole chiave ed evita inutili fronzoli grammaticali e stilistici.

Una questione importantissima è poi quella del prezzo. Vediamo i pro ed i contro. Non esiste una risposta definitiva al quesito se inserire o meno nell'annuncio il prezzo del prodotto che vendi, però puoi valutarne benissimo vantaggi e svantaggi.

Cosa succede se inserisco nell'annuncio il prezzo di un mio prodotto? Ad esempio digito: «Fare soldi online. Guadagna milioni con le rendite. Guida alla creazione di rendite», la gente clicca secondo te? Sì, e anche tanto perché prometto un sacco di cose, e soprattutto di fare soldi che è uno degli incentivi più forti. Poi cosa succede? Che chi arriva sul sito pensa: «Ecco, vedi? È un prodotto a pagamento, sarà la solita fregatura, lasciamo perdere». Quindi, se tu dovessi seguire questo esempio, inizialmente riceveresti moltissimi click, ma li perderesti poco dopo. Avresti tantissimi visitatori ma pochi clienti, quindi spenderesti molti soldi e non venderesti niente. Questa è la mia esperienza riguardo a prodotti di crescita finanziaria e nei casi in cui, comunque, prometti denaro.

Alcune persone che pubblicizzano i miei ebook tramite programma di affiliazione, si sono chiesti come migliorare il rapporto di conversione, perché avevano tanti click e pochi clienti. A queste persone ho consigliato: «Prova ad inserire il prezzo», e le cose sono cambiate. Se lo fai, certo, inizialmente riceverai un minor numero di click perché scoraggerai molte persone, però sei sincero, dici subito che è un prodotto a pagamento, quindi chi arriva poi sul sito è motivato a pagare per acquistare un prodotto e compra. In questa seconda ipotesi, fai aumentare di molto la conversione, cioè la quantità di persone che da visitatori diventano clienti e comprano.

In ogni caso non c'è una risposta migliore dell'altra alla domanda «Metto o non metto il prezzo del prodotto nell'annuncio?». In questi casi vale sempre la pena testare. Vuoi provare a non inserire il prezzo? Se totalizzi tanti click e poche vendite, ti conviene pensare di inserire il prezzo. Se invece va bene perché magari hai creato un annuncio valido, vale la pena continuare in quel modo. Ci sono delle vie di mezzo e la cosa migliore è, come ti dicevo, quella di testare.

Il mio consiglio è il seguente: ogni volta che hai intenzione di inserire un annuncio, creane due simili tra loro che, magari, differiscano per una riga e fai caso a quale dei due viene cliccato di più. Google ti aiuta in questo perché ti fornisce statistiche in tempo reale sul giorno, la settimana e il mese. Ad esempio, ti dice: «Questo annuncio è stato cliccato il 3% delle volte, questo l'1%», in questo modo hai la possibilità di renderti conto di quale dei due annunci ha avuto più successo, elimini quello che funziona di meno e l'altro diventa lo standard.

Poi ne inserisci un altro apportando un'altra piccola variazione e, magari, ti accorgi che quello viene cliccato il 4% delle volte. Elimini quello che realizza il 3% e fai diventare il nuovo annuncio lo standard. Puoi migliorare solo facendo molti test, elimini quello che non funziona o funziona meno e tieni quello che funziona meglio. Quindi alla domanda: «Prezzo sì o no?», ti rispondo di testare. La risposta dipende dal tipo di prodotto, dal tipo di promesse che fai, da una serie di fattori, quindi non ti resta che provare.

SEGRETO n. 27: esegui dei test per selezionare gli annunci migliori e decidere se inserire il prezzo del prodotto.

Dalla mia esperienza e dai test che ho effettuato negli ultimi anni, ho scoperto anche quanto sia importante utilizzare in un certo ordine le due righe di testo. Esattamente come nel marketing tradizionale, nelle vendite e nei siti web, è buona norma utilizzare la prima riga per evidenziare i *benefici* e la seconda riga per elencare le *caratteristiche* del prodotto.

Questo perché le persone hanno bisogno di sentirsi innanzitutto coinvolte emotivamente per essere motivate a continuare nella lettura del tuo annuncio. Già hanno avuto un ottimo approccio con il titolo dinamico, e, grazie a questo, pensano che il tuo prodotto sia esattamente ciò che cercano. Poi gli mostri gli straordinari benefici del tuo prodotto, ad esempio: «Impara tutte le ricette in cinque minuti», oppure: «Crea rendite su internet in poco tempo».

Solo a questo punto è opportuno che tu fornisca loro alcune caratteristiche tecniche e, se ritieni, il prezzo del prodotto. Qui scriverai, ad esempio: «Guida completa 200 pagine € 99». Questo è un buon annuncio, benefici prima, informazioni tecniche dopo.

I test ti aiutano a capire molto bene queste dinamiche. Io ho fatto una prova con un annuncio che era al 7%, ho invertito le righe. Informazioni tecniche prima e benefici poi: il CTR è crollato arrivando al 3%. Stesse parole, stesso annuncio, stesso titolo dinamico, è bastato invertire le righe per farlo precipitare.

SEGRETO n. 28: per migliorare il tuo annuncio, inserisci nella prima riga di testo i benefici e nella seconda riga le caratteristiche del prodotto.

Non fidarti di quello che ti dico perché l'ho studiato o perché l'ho provato sui miei prodotti, perché sono regole che valgono anche nella vendita. Prova tu stesso, hai questa possibilità, non rischi nulla: scrivi due annunci e scopri quale dei due funziona meglio. Internet ti offre l'opportunità di provare avendo solo un computer ed una linea telefonica. Può anche darsi che ti renda conto che il tuo annuncio funziona meglio inserendo le informazioni prima ed i benefici dopo; ne dubito, però esegui tanti test se vuoi migliorare i tuoi risultati.

Guarda il mio annuncio di seguito. Come vedi uso la prima riga per i benefici "Fai Denaro e Crea Rendite sul Web" e la seconda riga per le caratteristiche del prodotto pubblicizzato "Corso Nazionale, Roma 24 Marzo 990 €".

Intestazione:	Fare Soldi Online™	Max 25 caratteri
Riga di descrizione 1:	Fai Denaro e Crea Rendite sul Web	Max 35 caratteri
Riga di descrizione 2:	Corso Nazionale, Roma 24 Marzo 990€	Max 35 caratteri
URL di visualizzazione:	http:// www.FareSoldiOnline.it/Evento2007	Massimo 35 caratteri
URL di destinazione:	http:// www.FareSoldiOnline.it	Massimo 1024 caratteri

URL

Le ultime due righe da compilare nell'annuncio, riguardano l'indirizzo del sito internet. La prima riga è l'URL di visualizzazione, quella, cioè, che appare poi nell'annuncio su Google. È il nome del sito che ti appare scritto. Prendiamo ad esempio il sito "FareSoldiOnline.it/Evento2007". Dato che hai 35 caratteri anche qui, utilizzali tutti e aggiungi qualche altra parola chiave o qualche altra informazione che non ti è entrata nelle righe di testo.

L'URL visualizzata è diversa dall'URL reale di destinazione, cioè dall'indirizzo internet della pagina web a cui rimandi. Questo perché l'indirizzo della pagina web potrebbe essere molto lungo da inserire, quindi hai a disposizione molti più caratteri. Ad esempio:http://www.brunoeditore.it/shopping/index.php e così via.

L'URL reale va inserita nella riga dopo e non deve necessariamente corrispondere all'URL visualizzata. In genere sulla URL visualizzata viene indicato il solo sito web, quindi, ad esempio, www.ricette-cinesi.it e così via.

Poiché hai spazio, sfruttalo: scrivi, ad esempio, www.Ricette-Cinesi.it/Ebook. Già che hai lo spazio, sfruttalo per inserire dati in più, anche se il risultato non è perfettamente corrispondente all'indirizzo, e non è necessario che lo sia. Usalo per scrivere qualcos'altro, o per ripetere le parole chiave.

SEGRETO n. 29: utilizza anche gli spazi della URL di visualizzazione per inserire parole chiave o altre informazioni.

Questo è un aspetto che viene ignorato, le persone non lo fanno, ma è un inutile spreco. Google ti fa pagare i caratteri contati, quindi usali. Ripeti le keyword ed usa le iniziali maiuscole perché risaltano di più. Anche in questo caso ho fatto degli esperimenti. La lettere digitate in carattere maiuscolo piuttosto che minuscolo fanno la differenza. Il maiuscolo è preferito, conferisce maggiore autorevolezza ad un nome. L'identità si rafforza.

Immagina il tuo nome scritto tutto in lettere minuscole o con l'iniziale maiuscola, lo percepisci diversamente, non è così? Anche questi aspetti sono totalmente ignorati, ti insegno questi segreti come piccole dritte ma, in realtà, sono molto importanti e alla lunga fanno parecchia differenza nei risultati.

L'URL reale di destinazione, ovviamente, come dicevo poco fa, deve indirizzare immediatamente alla landing page del prodotto specifico nominato nell'annuncio. Se, ad esempio, pubblicizzo *vincere in borsa*, l'URL reale mi deve portare direttamente al prodotto *Vincere in Borsa*. Se pubblicizzo il libro *Fare Soldi Online in 7 Giorni* mi deve portare alla pagina specifica di quell'ebook, e non, come fanno tante aziende, sulla home page. Non ha senso mandare il cliente che cerca ulteriori notizie su un prodotto specifico alla home page. Sono certo che l'home page è bella, è stata pagata tanto, c'è l'animazione in flash, ma non serve, non stai vendendo, vuoi solo fare bella figura con il tuo grafico. Quindi, ricorda, il link deve rimandare direttamente alla pagina del prodotto, questo aspetto è importante e spesso trascurato.

SEGRETO n. 30: l'URL reale di destinazione non deve portare alla home page del sito, ma direttamente sulla pagina dello specifico prodotto.

Vediamo, come esempio, uno dei miei annunci online. Titolo dinamico, fondamentale, l'ho su tutti gli annunci. Di base ho

"Fare soldi online", però se qualcuno cerca "Guadagnare online", oppure "Soldi online", oppure "Fare soldi" oppure "Guadagnare su internet", "Soldi facili", appariranno quelle parole chiave nel titolo del mio annuncio.

{Keyword:Fare Soldi Online}
Fai Soldi e Crea Rendite sul Web
Guadagnare Denaro Online Ebook 99€
www.Autostima.net/Soldi_Online_7gg

Poi abbiamo la prima riga del testo che contiene il beneficio: "Fai Soldi e Crea Rendite sul Web". Tu vuoi fare soldi? Vuoi creare rendite? Certo che lo vuoi. Nella seconda riga la caratteristica del prodotto ed il prezzo: "Guadagnare Denaro Online Ebook 99 €". In questo caso ho deciso di inserire il prezzo perché lo ritengo importante sui prodotti a carattere finanziario ed economico. Dillo subito che anche tu hai la tua parte di guadagno, altrimenti te lo chiederanno i clienti dopo. Diranno: «Tu sei il primo che ci guadagni», sì, è vero, però ti insegno le mie strategie e guadagnerai anche tu.

Come ti dicevo, io sfrutto sempre anche l'URL visualizzata: ho inserito "Bruno Editore/Soldi_Online_7gg", per ripetere le parole chiave "soldi online" ed evidenziare un ulteriore beneficio, ovvero quello di fare soldi in soli 7 giorni. Lo spazio c'è, perché non sfruttarlo?

Tu hai anche un altro vantaggio: se ti dedicherai a creare un sito web di una pagina, il classico MiniSito, sceglierai un nome di dominio già perfetto, contenente già le parole chiave principali. Comprerai un dominio denominato, ad esempio, www.ricette-cinesi.it, o www.ricette-orientali.net, quindi con la parola chiave già compresa nel dominio di primo livello, ovviamente. Se hai un solo prodotto, ti puoi dedicare a quel prodotto e ottimizzarlo al massimo da ogni punto di vista.

Facciamo un altro esempio, preso direttamente da internet. Ho cercato su Google la parola "PNL". Ecco i risultati:

Osserva gli annunci sulla destra: «È ora di cambiare», oppure «Coaching e PNL», e gli annunci in alto «Corsi European Coaching», «Introduzione alla PNL», in entrambi i casi si tratta di annunci pubblicitari di Adwords. Prendiamone in esame uno e studiamolo. Il titolo del primo a destra è: «È ORA DI CAMBIARE», nel body leggi: «Se ti diciamo che puoi farcela, ci credi? No? Peggio per te», URL visualizzata: «Conquistare-il-successo.net».

Cosa va e cosa non va in questo annuncio? Allora, come prima cosa, il titolo è tutto in maiuscolo, il che lo porterà a disapprovazione ben presto. Google bloccherà questo annuncio da qui a poche ore, perché il sistema non accetta un titolo con caratteri tutti in maiuscolo. Altra cosa fondamentale: io cerco PNL ma, come puoi notare, nell'annuncio non c'è neanche una volta la parola PNL. Quindi cosa succede? Probabilmente l'autore paga tantissimi centesimi, perché la parola PNL è molto competitiva e per questo motivo è abbastanza in alto nella classifica. Però che percentuale di click avrà? Secondo me piuttosto bassa perché poi nell'annuncio non c'è la parola PNL, che, quindi, non è rilevante rispetto ad esso.

Ricordi gli altri fattori del quality score, della formula segreta? Non c'è la parola chiave, quindi, rispetto all'annuncio, rilevanza zero. Se ci fosse stato il titolo dinamico e quindi lui avesse inserito {keyword:È ora di cambiare}, nel momento in cui un utente avesse cercato PNL, sarebbe apparso scritto PNL, perché, come sai, mi appare esattamente quello che ho cercato. Quindi sarebbe stato rilevante non solo per Google, ma anche per me utente che sto cercando PNL.

Per cui, se l'utente incappa in un titolo come: «È ora di cambiare», in mezzo a tanti titoli di siti che contengono la parola PNL, che ha cercato, perché dovrebbe andare a cliccare proprio su quello che non la riporta? In questo senso, inserire il titolo dinamico è molto, molto importante. Per il resto va bene. È provocatorio ed originale come suggerisco spesso, vanno benissimo il modo in cui è stato strutturato il sito e l'argomento scelto, ovvero la formazione personale, che è sempre molto ricercato. L'autore potrebbe migliorarlo ulteriormente scrivendo in maiuscolo l'iniziale del sito "Conquistare il successo", in modo tale che le parole chiave risaltino rispetto all'annuncio e vadano a colpire l'attenzione dell'utente. Per lo stesso motivo per cui ha messo l'intero titolo in maiuscolo, vuole urlarlo, vuole essere ascoltato da tutti. Peccato che Google lo vieti espressamente.

Passiamo a esaminare l'annuncio successivo «Coaching e PNL. Le migliori tecniche di PNL. Corso esperienziale di due giorni». Qui non vedo il beneficio. Mi dice che è un corso, mi nomina le tecniche della PNL, però non mi attrae a livello emotivo, non mi dice, ad esempio, «Cambia la tua vita con la PNL», appare tutto troppo freddo, non ti pare? Dobbiamo fare in modo di colpire l'emotività delle persone perché decidono e comprano basandosi sulle proprie emozioni.

Bene, questo era per farti degli esempi concreti di errori da evitare. È importante lavorare su esempi reali perché anche chi naviga ogni giorno su internet e usa Google come motore di ricerca predefinito non è detto che abbia mai fissato la sua attenzione sugli annunci laterali.

Oggi stai imparando il punto di vista degli esperti, degli addetti ai lavori, e questo ti permette di iniziare da subito a fare soldi. Puoi iniziare immediatamente, in quanto aprire un account su Google Adwords è facilissimo. Vai sul sito http://adwords.google.it e segui la procedura che, come puoi immaginare, è facilissima ed usabilissima. Il sistema ti chiederà quali parole chiave vuoi comprare e tu, ad esempio, potrai dire: "PNL, crescita, crescita personale, crescita professionale, motivazione", risposta: "Okay, benissimo, comprate". "Quanto sei disposto ad offrire? Noi ti suggeriamo 80 centesimi", tu rispondi di no, scrivi che ne offri, ad esempio, 10, e vai avanti nella procedura. Puoi anche differenziare il prezzo offerto per le varie parole chiave, oppure puoi indicarne uno valido per tutte, ti raccomando che sia basso, naturalmente. A questo punto il sistema ti dice: "Ora inserisci l'annuncio", e tu procedi.

Metti il titolo dinamico, quindi {keyword:titolo di base}; poi, nella prima riga del body, la prima riga di testo, introduci il beneficio ripetendo le parole chiave. Seconda riga del body, le caratteristiche del prodotto. Ultima riga, quella dell'URL visualizzata, metti www.nomedelsito.it poi / e ancora le keywords. Inserisci più keywords possibile. Infine l'URL reale. Clicchi su okay e, dopo non più di cinque minuti, i tuoi annunci sono online.

Non necessiti neanche di approvazione dell'annuncio, salvo poi venire richiamato per errori riscontrati. Per questo l'autore del primo annuncio che abbiamo studiato è riuscito a mettere online un messaggio che non corrisponde alle caratteristiche richieste, e sono sicuro che presto glielo disapproveranno. Gli arriverà un messaggio con su scritto: «Hai scritto l'intero titolo in maiuscolo e non va bene», l'annuncio verrà bloccato sino a variazione avvenuta.

Come vedi, la procedura è semplicissima, si tratta solo di riempire i campi con le strategie che abbiamo menzionato, aiutandoti anche con gli esempi che abbiamo visto insieme poco fa. Nel momento stesso in cui le metterai in atto, ti renderai conto di quanto sia facile utilizzarle.

Una cosa importante. All'inizio ti ho detto che questo è il **pay per click**, cioè paghi per stare online, per essere visualizzato. Come saprai, al termine di una ricerca, l'utente ottiene anche una serie di risultati gratuiti.

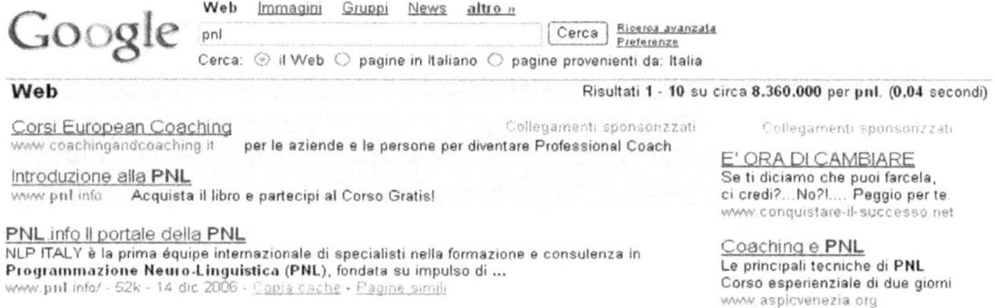

Ecco, questo è l'esempio di un risultato gratuito al termine di una ricerca sulla parola PNL. "PNL.info, il portale della PNL", tra l'altro sono miei carissimi amici. Questo annuncio sta al primo posto, perché il sito si chiama www.PNL.info, perché nel titolo c'è una serie di caratteristiche che lo portano a stare al primo posto e così via.

C'è tutto uno studio enorme su come essere al primo posto nella parte gratuita, e si chiama **SEO, Search Engine Optimization**, ottimizzazione per i motori di ricerca, un qualcosa di lungo e laborioso, che non ti garantisce risultati e che soprattutto ti fa perdere un sacco di tempo.

È vero che se la tua strategia va a buon fine puoi risparmiare, però puoi riuscirci su una parola chiave, in questo caso PNL, se già cerchi qualcosa di diverso, ad esempio, "crescita personale", quel sito non sarà di nuovo al primo posto. Perciò, ti chiedo, secondo te vale la pena faticare tanto per una keyword quando tu hai comunque deciso di investire su centinaia di parole chiave? O ti impegni a fare la stessa operazione centinaia di volte, ma è impossibile, te lo assicuro, o ti rendi conto che conviene, spendendo il meno possibile, acquistare alcune parole chiave.

Poi c'è un altro fatto importante, Google cambia le regole del gioco quando più gli aggrada. Infatti, tempo fa, è accaduto che, ad un certo punto, quando tutti ormai conoscevano le strategie per attestarsi in cima al rank della parte gratuita, e si era innescata una guerra spietata tra i vari concorrenti, sono cambiate tutte le regole. Di punto in bianco, essere o meno in cima agli annunci, non dipendeva più da quello che scrivevi nel sito, ma da quanti utenti ti linkavano dall'esterno.

Dopo mesi e mesi di studio, le nuove regole sono state individuate, e c'era chi faceva offerte di questo genere: "Tu ci paghi dieci dollari e noi mettiamo il tuo link nel nostro sito, così tu vieni cliccato da noi e da tanti altri e cresce il tuo 'pagerank', ovvero la tua autorità sul web". Google ha cambiato anche in questo caso le regole e si è dovuto ricominciare da capo. Il sistema ogni tanto si aggiorna per non farsi imbrogliare, perché altrimenti le ricerche sarebbero comandate da chi studia di più. Invece gli ingegneri di Google vogliono dare risultati concreti e seri, senza che si possa manipolarli a proprio piacimento.

Tempo fa, una persona che ha comprato l'ebook e con la quale ho fatto coaching, mi ha detto: «Guarda, io nel pay per click non credo. Non vedo perché spendere soldi quando con un attento lavoro di ottimizzazione posso arrivare primo nei risultati gratuiti». Gli ho risposto molto semplicemente: «Okay, continua così, perdi tempo sull'ottimizzazione. Forse fra tre mesi sei primo in qualche risultato di ricerca, nel frattempo un ragazzino di 18 anni che mi ha chiesto l'ebook e che si è affiliato, ha già guadagnato 3.000 euro. Sei sicuro di voler continuare ad agire così? Se proprio ci tieni a voler ottimizzare le tue pagine fallo pure, ma, intanto, prova anche il pay per click, perché, per quanto rappresenti una spesa, comunque ci sono strategie per pagarlo poco; in più sei online dopo cinque minuti e sulle parole che hai deciso tu. Sai quanto spendi, perché hai un budget preciso, sai quanto guadagni e quindi se funziona vai avanti». Perdere tempo per ottimizzare su una singola parola chiave non ha senso.

SEGRETO n. 31: il pay per click è più veloce ed efficace rispetto all'ottimizzazione delle pagine per i motori di ricerca.

Hai capito quale è la differenza? Molte agenzie tenteranno di venderti l'ottimizzazione, perché quel lavoro glielo paghi, mentre con il pay per click paghi direttamente Google e non c'è molto margine di guadagno per loro. Chiaro? Quindi valuta la professionalità di coloro cui ti rivolgi. Un'azienda seria e professionale ti spiegherà le differenze fra le due cose, e magari ti dirà onestamente di fare entrambe. Ti consiglierà di iniziare con il pay per click così da subito sei online e cominci a guadagnare dei soldi da investire poi nell'ottimizzazione. Allora sì, ha un senso. Quindi impara come funziona il mondo degli annunci su internet per saperti poi gestire nel giusto modo con chi avrai di fronte. Per capire di chi puoi fidarti.

Di queste procedure che ti ho insegnato non è necessario imparare a memoria le formule, le sigle e così via. Devi offrire il minimo indispensabile e lavorare sull'annuncio, per aumentare il CTR e quindi la percentuale di persone che cliccano. Crea il titolo dinamico e ripeti più volte la keyword nel testo dell'annuncio. Soprattutto nel titolo. In questo modo aumenta la rilevanza ed il quality score e sarai più in alto di altri senza pagare tanto. Anzi, in questo modo pagherai pochissimi centesimi per avere centinaia di visitatori in più sul tuo sito. E ora non ti rimane che imparare nuove strategie per trasformare questi visitatori in clienti.

RIEPILOGO DEL GIORNO 4:

- SEGRETO n. 23: il segreto per fare soldi online con Google è sfruttare e ottimizzare al meglio i tuoi annunci.

- SEGRETO n. 24: inserisci nel titolo parole chiave, verbi con invito all'azione, o hot words che funzionano sempre.

- SEGRETO n. 25: per decuplicare il tuo CTR, inserisci il titolo dinamico, utilizzando come titolo: {keyword:Titolo di Base}.

- SEGRETO n. 26: nel testo dell'annuncio ripeti le parole chiave ed evita inutili fronzoli grammaticali e stilistici.

- SEGRETO n. 27: esegui dei test per selezionare gli annunci migliori e decidere se inserire il prezzo del prodotto.

- SEGRETO n. 28: per migliorare il tuo annuncio, inserisci nella prima riga di testo i benefici e nella seconda riga le caratteristiche del prodotto.

- SEGRETO n. 29: utilizza anche gli spazi della URL di visualizzazione per inserire parole chiave o altre informazioni.

- SEGRETO n. 30: l'URL reale di destinazione non deve portare alla home page del sito, ma direttamente sulla pagina dello specifico prodotto.

- SEGRETO n. 31: il pay per click è più veloce ed efficace rispetto all'ottimizzazione delle pagine per i motori di ricerca.

Giorno 5: Raddoppiare i Clienti

Trovare un buon numero di visitatori è il primo passo essenziale per fare soldi online. Senza visitatori non hai potenziali clienti e, quindi, le tue vendite e i tuoi guadagni sono pari a zero. Ti ricordi il ragionamento iniziale? Le tue entrate giornaliere dipendono dai numeri che riesci a realizzare:

PRIMA:

VISITATORI		CLIENTI		PRODOTTI	TOTALE
100	x	0,5%	x	100€	= **50€**

DOPO:

VISITATORI		CLIENTI		PRODOTTI	TOTALE
500	x	1%	x	100€	= **500€**

Quindi, se con le strategie che abbiamo visto finora puoi ottenere 500 nuovi visitatori a 25/50 euro utilizzando la formula segreta dell'Ad Rank di Google Adwords, ora ti fornirò delle strategie efficacissime per trasformare semplici visitatori in clienti fortemente desiderosi di acquistare i tuoi prodotti.

Questo secondo pilastro è molto importante, perché se tu hai 10, 100, 1.000 visitatori, ma non riesci a trasformarli in clienti, stai sprecando inutilmente soldi in pubblicità. E allora, come fai a trasformare i visitatori in clienti? A vendere un prodotto, che sia il tuo o quello di altri? La risposta è in quella che abbiamo definito come "Landing Page", la pagina cui puntano i link che hai inserito nei tuoi annunci su Google Adwords. Abbiamo detto che, affinché sia rilevante per la formula segreta dell'Ad Rank, ci deve essere coerenza tra l'annuncio e i contenuti della Landing Page (CLP) che, quindi, devono offrire tutte le informazioni possibili sul prodotto pubblicizzato.

A tal fine, la strategia più efficace, veloce e semplice che esista è il cosiddetto **"MiniSito",** ovvero un sito web di una sola pagina. La maggior parte dei siti americani che funzionano, sono composti di una sola pagina. L'autore non investe granché nel sito, nella grafica, nei servizi, bensì si concentra su uno spazio limitato. I giovani milionari americani che si sono arricchiti con il web hanno siti di una pagina nella quale vendono il loro prodotto, quale esso sia.

I vantaggi sono diversi. Innanzitutto un MiniSito è professionale e curatissimo nei dettagli: essendo di una sola pagina, puoi curarlo all'infinito. Puoi strutturarlo in modo veramente dettagliato, specifico per un solo prodotto, ottimizzarlo al massimo. In una pagina puoi inserire di tutto, le caratteristiche, i benefici del prodotto, garanzie, risultati ottenuti, prove, testimonianze e quant'altro. Il MiniSito è facile da utilizzare ed ha massima usabilità: è solo una pagina, se non strutturi bene quella, figuriamoci un sito web di grandi dimensioni!

SEGRETO n. 32: il MiniSito è la Landing Page più efficace per vendere sia un tuo prodotto che il prodotto di altri.

Infatti puoi usare il MiniSito anche per rivendere i prodotti degli altri, partecipando ad un programma di affiliazione. Ad esempio affiliandoti al programma di Bruno Editore tu puoi creare un MiniSito che parla di crescita personale e poi puoi suggerire ai tuoi visitatori di approfondire acquistando un libro o un videocorso.

Se invece hai già prodotti tuoi, il MiniSito è ottimo anche per i test: infatti se hai già un sito e vuoi lanciare un nuovo prodotto, cosa fai? Lo lanci direttamente lì? È un grosso rischio, perché se poi va male e sei costretto a toglierlo dal mercato, le conseguenze negative si potrebbero riflettere sul tuo sito primario e la tua immagine aziendale potrebbe risentirne.

Invece, se fai la campagna di marketing o la campagna pubblicitaria per quel prodotto su un sito a parte, distaccato e diverso da quello principale, hai modo di testare la risposta della clientela al prodotto, prendere coscienza del feedback che ottieni, valutare le testimonianze di chi ha acquistato e provato il prodotto. Insomma, cominci a raccogliere materiale prezioso. Se poi la cosa funziona, se vedi che i risultati sono soddisfacenti, lo porti sul sito principale.

Nel mio caso, la Bruno Editore è un sito composto da diverse pagine dove si vendono moltissimi prodotti. Le pagine dei miei prodotti sono MiniSiti a tutti gli effetti.

Se le hai viste, ti sarai accorto che sono lunghissime. Perché per me ogni pagina dedicata ad un prodotto è, a tutti gli effetti, un MiniSito nel quale devo inserire tutti i benefici, le caratteristiche, le foto, le testimonianze, le garanzie, e così via. Sì, alla fine risultano pagine piuttosto lunghe, ma, credimi, mai come nel caso dei MiniSiti americani. Se i miei minisiti si scorrono in 6-7 schermate, in America puoi avere fino a 20 schermate. Vai giù, vai giù e non finiscono mai, finché non hai comprato ti forniscono ogni tipo di informazioni. La questione è: sei hai poche informazioni potresti non comprare. Se ne hai troppe al limite non le leggi ma comunque compri.

In realtà va detto che ci sono tantissimi studi che raccomandano il contrario di quello che ho appena detto, ovvero di non perdersi troppo in particolari, perché un'eccessiva ampiezza rende un sito fondamentalmente inutilizzabile. Che è bene non dilungarsi, se possibile, per più di due schermate, perché alle persone non piace scorrere molte pagine. È verissimo ed è uno dei pilastri della usabilità, un concetto che troverai esposto nella mia tesi di laurea ed in molti testi come quelli di Jakob Nielsen, guru della web usability. Quando però ho scoperto che in America fanno un mare di soldi con MiniSiti lunghissimi, sono rimasto scioccato ed ho dovuto ammettere che funzionano. Per capire ciò che funziona o meno io mi baso sulla mia esperienza e ti invito a fare altrettanto.

Io mi sento di affermare che se il MiniSito è ben fatto, così come ti insegnerò, attiri talmente tanto l'attenzione sin dall'inizio, che le persone sono portate poi a proseguire sino alla fine del testo per quanto questo sia lungo. Soprattutto non hanno la possibilità di uscire, cioè non hanno la possibilità di andare a navigare, a cliccare altrove. La strategia di un MiniSito è che, al contrario di un sito multipagina, puoi andare in una sola direzione, non puoi far altro che leggere e scorrere. Fino al pulsante di acquisto.

Al contrario, quando visualizzi un sito di una sola pagina, sai di trovarci tutto, se vuoi te lo puoi interamente stampare, non c'è nulla di nascosto, hai tutto lì. Non puoi navigare oltre, non puoi andare da nessuna parte, non ti puoi disperdere, o compri o te ne vai, e spesso quando sei ad un bivio, la decisione di comprare arriva prima di quella di uscire.

Quando avevo il sito di videogiochi, ad un certo punto, decisi di limitarne l'accesso solo alle persone iscritte: così inserii un modulo per iscriversi alla newsletter ed alla community dei videogiochi. Il messaggio era il seguente: «Iscriviti ed usufruisci dei seguenti benefici… oppure esci». Ebbene, il 30% delle persone si iscriveva. Il 30%! Che è una risposta enorme rispetto al normale 1% di vendite. Quindi, per esperienza, se metti i tuoi visitatori di fronte ad un bivio, magari potrai perderne il 70%, ma il restante 30% è tuo per sempre. Una volta iscritto, lo hai a vita.

Quindi anche se le teorie dell'usabilità non amano pagine così lunghe, e nonostante io sia un grande appassionato di usabilità, non mi trovo assolutamente d'accordo e l'esperienza me lo conferma.

Oltretutto nel Marzo 2007 persino lo stesso Jakob Nielsen, pur rigido nelle sue posizioni, ha ammesso che nei siti e-commerce uno dei massimi errori è creare pagine dei prodotti troppo scarne di informazioni. Se un cliente non ha abbastanza informazioni, infatti, non compra. È un dato di fatto e a quanto pare se ne è accorto anche il numero uno al mondo.

SEGRETO n. 33: i siti e-commerce seguono regole diverse rispetto ai normali siti di informazione.

La mia idea è che un sito che vende non deve necessariamente seguire le medesime regole di usabilità di altri siti web, come portali o altro. Infatti è vero che l'abitudine ti porta a scorrere le pagine molto velocemente alla ricerca di informazioni, ma questo non vale per i siti e-commerce. Infatti quando compri un prodotto, vuoi sapere tutto il possibile, e più informazioni un sito ti offre, più sei sicuro del tuo acquisto. Quindi, nel momento in cui sei tu a vendere, devi offrire il massimo ai tuoi clienti e il MiniSito è uno strumento particolarmente efficiente a questo scopo.

Un aspetto da curare in maniera particolare, come ti ho già detto nel capitolo precedente, è il nome. Quindi il mio consiglio è di acquistare un nome di dominio di primo livello, tipo www.tuoprodotto.it . Puoi registrare il tuo dominio su Register.it o su altri siti che puoi trovare sul web. Non ti servire degli spazi gratuiti tipo web.tiscali.it/nomesito perché risultano poco professionali. Compra un dominio che sia tutto tuo, ad esempio www.ilmionome.com o www.ricette-cinesi.it. Ne vale la pena, è un piccolissimo investimento ma fallo, perché il dominio di primo livello garantisce già di per sé professionalità. Mettere un sito su uno spazio web gratuito è una cosa che fanno ragazzini di 10 o 12 anni ormai, quindi è assolutamente amatoriale e non ha senso. Acquistando un dominio, invece, avrai, incluso nel prezzo, un po' di spazio web e le email corredate dalla sigla del tuo dominio, quindi, ad esempio, info@ilmionome.it. Vale la pena farlo. Tanto più che, come hai visto, Google ti chiede di scrivere l'URL. Se scrivi web.tiscali.it, vai a pubblicizzare Tiscali, invece pubblicizza te stesso, scrivi www.ilmioprodotto.it.

SEGRETO n. 34: il nome del tuo sito è molto importante perché crea un'identità forte e conferisce professionalità alla tua attività.

Trovare il nome giusto per il tuo sito non è cosa da sottovalutare. Sembra banale e invece è un dato importantissimo. C'è un lunghissimo minisito americano denominato "Butterfly Marketing", utilizzato per vendere un unico prodotto, il cui autore è riuscito a guadagnare un milione di dollari in pochi giorni.

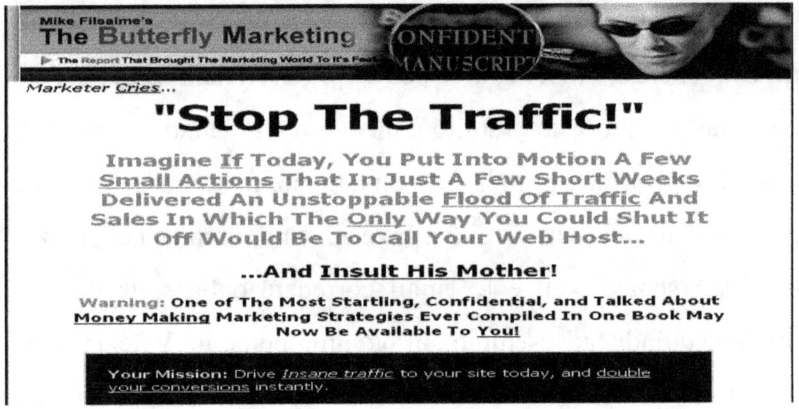

Oltre ad essere fatto molto bene, è di grande impatto emotivo perché ti installa l'identità del suo nome, Butterfly, la farfalla, e ti spiega che si riferisce alla teoria del caos, secondo cui un battito di ali di una farfalla in Brasile crea un uragano dall'altra parte del mondo; una metafora per dire che piccoli cambiamenti fanno la differenza.

Rientra un po' nello spirito della Programmazione Neuro-Linguistica l'idea di apportare un piccolo cambiamento in grado di farti vendere il doppio. Hai visto come modifiche, anche piccole, negli annunci di Google, possano fare una enorme differenza? Il nome già crea un'identità molto forte, quasi un marchio, e tanto più contiene keywords, tanto meglio è, specie perché, come abbiamo visto prima, anche i contenuti del sito (CLP) apportano maggiore rilevanza al tuo annuncio su Adwords.

Per la Bruno Editore, mi sembrava un miracolo quando, nel non lontano 2002, ho trovato il dominio libero. Ogni tanto faccio delle ricerche, se trovo domini che mi piacciono, li registro. Ad esempio alcuni miei allievi avevano pensato di registrare il dominio italiano Enjoy.it per poi provare a rivenderlo per milioni di dollari alla Coca Cola Company, in America, il cui slogan è proprio "enjoy". Anche il nome di un dominio può acquisire un valore se è particolarmente azzeccato. E se hai trovato un buon nome per il tuo MiniSito, allora devi curarne al massimo la struttura affinché venda e produca rendite automatiche di denaro.

SEGRETO n. 35: un buon MiniSito è strutturato in 3 fasi, Motivare, Informare, Rassicurare.

Come sai, le persone comprano con le emozioni, infatti, anche tu, quando sei di fronte ad un negozio di tecnologia, ti emozioni nel guardare e nel desiderare un plasma da 50 pollici o un tablet pc di ultima generazione, giusto? Nello stesso modo, una ragazza, nel guardare in vetrina un vestito che tanto le piace, la borsa che adora o un gioiello fantastico, ha il cuore che le batte.

Ci sono alcune cose che ti fanno emozionare e sono quelle che vorresti avere, che desideri. Non quelle di cui avresti semplicemente bisogno, perché il bisogno richiama la paura e si tratta di qualcosa di diverso rispetto a ciò di cui stiamo parlando in questa guida.

SEGRETO n. 36: prima fase è Motivare mostrando i benefici del tuo prodotto, perché le persone comprano con le emozioni.

Devi motivare le persone a tirar fuori i propri desideri. Non è che si ha tanto bisogno di avere un milione di euro, però è un desiderio di chiunque averlo! Le persone comprano sotto la spinta delle emozioni. Fondamentalmente c'è uno *stato attuale*, che è quello in cui in cui si trova il cliente nel momento in cui si rivolge a te, ed uno *stato desiderato* che è quello in cui, secondo quanto tu affermi, il cliente si troverà dopo aver acquistato il tuo prodotto.

Il tuo compito è far sì che si immedesimi da subito nella nuova situazione, a questo scopo puoi dire: «Ti piacerebbe avere un milione di euro?», oppure «Ti piacerebbe avere la casa dei tuoi sogni?», ancora «Ti piacerebbe saper cucinare bene quel piatto che ti piace da morire?». Ciò che voglio dirti è questo: fai in modo che visualizzino, attraverso i benefici, quello che il tuo prodotto può dar loro in concreto. Fai intravedere al cliente la concretizzazione di ciò desidera e, se non sapeva di desiderarlo, fai in modo che lo capisca. Come si fa? Mostrando i benefici che si possono ottenere attraverso l'acquisto di quel dato prodotto, l'adozione di quell'idea e così via.

I *benefici* sono un concetto classico della vendita. Non si tratta di parlare del modo in cui è fatto un prodotto, quelle sono le *caratteristiche*, ma di ciò che permette di fare. Ricorda che le persone comprano un libro sul Fare Soldi Online con eBay non perché vogliono partecipare ad un'asta o comprare chissà cosa, ma semplicemente per guadagnare denaro.

Quindi nel tuo annuncio vai molto sul concreto, dirai: «Vuoi scoprire i trucchi per guadagnare su eBay?», «Desideri vincere le aste online?», questi sono i benefici. Nota la differenza, è fondamentale.

Se hai dei dubbi su questo punto, creati sempre uno schema. Visualizza il prodotto e pensa: «Bene, questo è il mio prodotto.

Ha questa, questa e quest'altra caratteristica. In che modo possono risultare utili al cliente?», la risposta che ti darai, corrisponde al beneficio che offri.

Il beneficio è ciò che ti fa emozionare, che ti fa desiderare di avere il prodotto. «Vuoi raggiungere i tuoi obiettivi?», oppure «Vuoi crescere professionalmente?» I benefici sono quelli che ti fanno comprare, perché le emozioni contano moltissimo nel momento in cui si decide per un acquisto.

Al tempo stesso, è anche vero che le persone, anche se comprano con le emozioni devono però poi giustificare i loro acquisti con la ragione. Tu osservi un oggetto che ti piace molto e ti emozioni, vorresti comprarlo però poi, magari, arriva la tua parte razionale che ti dice che sarebbe saggio pensarci bene. Hai bisogno di avere più dati, particolari tecnici, caratteristiche. Quindi prima vuoi apprendere i benefici che quel dato prodotto ti può offrire e poi conoscerne le caratteristiche per acquistare con serenità. Il buon venditore deve prima motivare e poi informare.

SEGRETO n. 37: seconda fase è Informare mostrando le caratteristiche del tuo prodotto, perché le persone devono giustificare con la ragione i propri acquisti.

Se ci fai caso, è l'identica struttura motivare-informare che si segue per creare un annuncio su Adwords. All'inizio c'è il titolo che attira l'attenzione, poi, nella prima riga del body, i benefici che il prodotto ti dà, mentre nella seconda riga, le caratteristiche. Scambia queste due fasi e non otterrai nulla, anche a parità di contenuti. Se prima di tutto informi sulle caratteristiche, le notizie che offri risultano fredde, prive di contenuti irrazionali in grado di coinvolgere il cliente e spingerlo all'acquisto. Quindi è sempre bene prima dire quali siano i benefici e solo in seconda battuta, fornire informazioni sulle caratteristiche e i dettagli o il programma.

Ti emozioni con il cuore, poi la razionalità ti dice se ti puoi permettere l'acquisto, che cosa può darti quell'oggetto, se il prezzo può corrispondere al valore, se ne vale la pena.

Programma di Fare Soldi Online con Ebay

COME VINCERE TUTTE LE ASTE SU EBAY PAGANDO IL MINIMO

- Scoprire **come funziona eBay per vincere tutte le aste.**

- Come puoi **ottenere la massima credibilità a aumentare il flusso delle compravendite.**

- Qual è il segreto per **aggiudicarti quello che vuoi al prezzo che vuoi.**

COME DIVENTARE UN VENDITORE ECCELLENTE SU EBAY IN POCO TEMPO

- I prodotti che ti consentono di **ottenere velocemente un ottimo punteggio di feedback.**

- Impara a scegliere **il formato giusto per vendere efficacemente.**

- Come impostare la **scadenza della tua asta** per avere la massima **visibilità e aumentare le probabilità di successo.**

- Come fare per **sapere cosa cercano gli utenti di eBay.**

COME CREARE ANNUNCI VINCENTI ED ESSERE PRIMO NEI RISULTATI DI EBAY

- Come strutturare il titolo del tuo annuncio per **essere in cima ai risultati di ricerca su eBay.**

- Come **curare la tua pagina di vendita: il minisito.**

- Quali leve devi usare per **motivare il tuo cliente all'acquisto.**

- Capire **cosa serve per rafforzare la motivazione.**

- Come **dare e ottenere la massima fiducia.**

COME CREARE RENDITE AUTOMATICHE DI DENARO GRAZIE A EBAY

- Imparare a usare gli strumenti di eBay per **moltiplicare le tue vendite durante la fase di acquisto.**

- **Come fidelizzare l'acquirente** e invogliarlo ad acquistare ancora da te.

- **Le tecniche per automatizzare le vendite** e dare slancio al business.

- Come **guadagnare su eBay anche senza vendere.**

Ad esempio, io so di volere a tutti i costi una Playstation perché mi emoziona una potenza grafica di quel livello. Però la ragione mi dice anche che non è il caso di aggiungere l'ennesima console da videogiochi nel mio salotto! E allora vedremo chi vincerà la battaglia tra emozioni e ragione. La razionalità ti porta a seguire una serie di ragionamenti che possono condurti o meno all'acquisto. Più informazioni hai e più sei portato all'acquisto. Tornando all'esempio della Playstation, se la smetto di parlarne, forse me ne dimentico. Ma se vado da MediaWorld e l'addetto del negozio mi spiega tutte le caratteristiche tecniche del prodotto che mi piace, tutte le sue funzionalità e magari me le dimostra, poi lo vorrò a tutti i costi.

Perché è così importante la ragione? Perché quando compriamo abbiamo anche paura. Abbiamo paura che ci imbroglino, abbiamo paura di pentirci, abbiamo paura che gli altri ci prendano in giro per il nostro acquisto. Quando i rivenditori porta a porta ci propongono le pentole piuttosto che l'aspirapolvere Folletto, noi abbiamo sempre paura che ci rifilino qualcosa che non va. Magari la moglie compra, arriva il marito e dice: «Ma cosa hai comprato? Ti hanno truffato!», e subire l'umiliazione di farsi deridere dagli altri è assai peggio che buttare i soldi.

Può succedere che una persona non acquisti un videocorso sull'autostima perché ha paura di farsi prendere in giro. C'è chi compra il videocorso sulla *Seduzione* e chiede il pacco anonimo, perché? Perché non vuol far sapere in giro che sta studiando la seduzione. Per fortuna, una volta che ne abbiamo preso coscienza, possiamo risolvere queste situazioni. La soluzione è dare più informazioni possibili, anche a costo di dilungarsi oltre il lecito, il peggio che può capitare è che i clienti ne abbiano in avanzo. Al contrario, se le notizie offerte sono scarse, il processo potrebbe finire lì e la vendita risultarne compromessa.

Su un sito web l'utente può comunque acquistare subito anche senza arrivare alla fine. Clicca su un bottone e ordina. Nella vendita tradizionale il venditore deve sapere tutto del proprio prodotto per poter fornire al cliente tutte le informazioni possibili. D'altra parte, non deve neanche inondare la persona di notizie, perché questo atteggiamento potrebbe risultare molesto. Le dovrebbe fornire fino a che non vede che è pronta a comprare. Se lo è già da subito, se è già decisa, si deve fermare, senza continuare a enumerare tutte le caratteristiche del prodotto. Questo è un classico errore dei venditori.

L'idea centrale è che i clienti devono giustificare il loro acquisto con la ragione, quindi è importante fornire loro caratteristiche specifiche e tecniche riguardo al prodotto. Essere prodighi di dettagli, mostrare la brochure, fornire tutte le informazioni possibili. Ma non basta. Ci sono tante paure da sfatare, specie riguardo a internet. Se, infatti, nel marketing tradizionale, nella vendita, per indurre il cliente all'acquisto, possono bastare le prime due fasi di motivazione e informazione, su internet è essenziale la terza fase, quella della rassicurazione, che consiste nel circondare il cliente di tutele e sicurezze.

Devi rassicurare, perché i clienti non vogliono rischiare. Un acquisto a distanza, nell'immaginario collettivo, è cento volte più rischioso rispetto a quello fatto in un negozio, che permette di valutare di persona l'articolo che ci interessa toccandolo con mano, di trattare con il negoziante, magari di fiducia, che ci rassicura sulla possibilità di cambiare il prodotto presentando lo scontrino e così via.

SEGRETO n. 38: terza fase è Rassicurare offrendo ai tuoi clienti delle garanzie sull'acquisto e creando un clima di massima fiducia.

L'attuale cultura, vuole che non si possa essere mai del tutto sicuri della bontà di un acquisto fatto su internet. Ci sono sin troppi "siti truffa", troppi imprenditori che scompaiono da un giorno all'altro, offerte falsamente attraenti, casi di pagamenti avvenuti e merce non consegnata per potersi fidare ciecamente. Quindi, come vendere a distanza? Devi rassicurare il più possibile, eliminare le paure legate ad internet, dimostrare che i tuoi prodotti hanno soddisfatto molte altre persone.

Ad esempio, puoi offrire una garanzia per la soddisfazione del cliente, provare con il "soddisfatti o rimborsati", o sostituire il prodotto in caso di mancata soddisfazione. Sii sempre chiaro nei prezzi, dichiara che all'importo va aggiunta l'Iva. Chiarisci se la spedizione è o meno a carico del cliente, è inutile aggiungerlo alla fine pensando che il cliente non se ne accorga; non sarebbe etico e perderesti in credibilità. Dai tutte le informazioni che ti è possibile fornire senza nascondere nulla.

Fa sì che la spedizione avvenga nel minor tempo possibile. Non risparmiare su questo aspetto, usa piuttosto un servizio che ti costa di più, come il corriere espresso, ma che ti offre tutele e garanzie. Io ho utilizzato anche la Posta, ma mi sono trovato malissimo. Abbiamo abbandonato questo sistema dopo circa un mese. Non arrivavano i prodotti, non ci tornavano indietro i contrassegni e, tra parentesi, li sto ancora aspettando, un dramma. Quindi meglio per te se decidi di utilizzare un corriere.

Metti i dati dell'azienda sempre bene in vista. Chi sei, cosa fai, se sei imprenditore unico o hai dei soci. Nome, cognome, indirizzo e telefono di riferimento. Dotati di un numero verde, e, se non disponi di una sede, devialo sul tuo cellulare. Certo, magari ti costerà un po' in termini di traffico telefonico ma non troppo.

Non pensare che il numero verde sia molto dispendioso, paghi solo il credito che consumi. Poi il fatto di avere un contatto diretto con il cliente può creare fiducia e stabilità. Se le cose vanno bene, se gli affari funzionano, ci vuole poco poi ad assumere una persona che si occupi solo del servizio clienti, di risolvere problemi e di rispondere al telefono.

Anticipa le possibili obiezioni. Quando, rivolgendomi ai miei utenti e probabili clienti, parlo di pagamenti dico: «Lo so che comprare su internet oggi può essere rischioso e puoi non avere fiducia, se non lo hai mai fatto. La prima volta è difficile per tutti. D'altra parte noi usiamo *PayPal*, che è il sistema di pagamento tramite carta di credito numero uno al mondo, e fa parte del gruppo eBay. In alternativa, diamo la possibilità di pagare in contrassegno».

Quindi se non vuoi pagare in anticipo, paghi solo quando hai il prodotto in mano. Cerco di assumere io tutto l'imprevisto connesso all'operazione. Non voglio che il mio cliente si accolli dei rischi, se lo faccio io, il cliente non avrà più alcuna paura.

Questa è anche la teoria di Jay Abraham, un grande guru della vendita e del marketing offline, io l'ho riadattata online perché più o meno i principi sono gli stessi. Lui dice: «L'azienda si assuma tutto il rischio», così che il cliente possa pensare: «Ho il servizio clienti cui posso riferirmi, pago solo quando ho in mano il prodotto e quindi posso stare tranquillo». Male che vada, la prima volta che fa un acquisto paga il prodotto in contrassegno, la seconda volta vede che c'è da fidarsi e paga con la carta di credito. Se conosce PayPal, poi, lo fa già da subito con carta di credito perché sa di essere tutelato in mille modi.

Per prodotti reali, il contrassegno è già una garanzia. Per prodotti virtuali come una guida o un ebook, dove è obbligatorio il pagamento anticipato con bonifico o carta di credito, si è ugualmente tutelati nel senso che nel momento stesso in cui si effettua il pagamento, arriva il prodotto. A quel punto è scaricabile istantaneamente, lo scambio è immediato. Quindi ricorda, è importante anticipare le obiezioni. Offri più garanzie possibili e assumiti qualsiasi rischio, in questo modo il cliente si sente tutelato ed acquista in tutta tranquillità.

Una buona media di acquisto è l'1%. Cioè se una persona su cento compra, va bene, se ti attesti sotto questa percentuale, potrebbe esserci qualche problema. Al di sopra, o sei molto bravo o hai un prodotto molto valido e non troppo costoso. Tuttavia che compri l'1% vuol pur sempre dire che 99 persone su 100 decidono di non acquistare il prodotto, e certo non è consolante pensare di non essere riuscito a convincere la stragrande maggioranza delle persone.

Tieni comunque sempre a mente che sto parlando di MiniSiti ben organizzati, con strategie che funzionano. I siti normali di e-commerce se la sognano una percentuale dell'1%. I moltissimi siti che vendono computer, telefoni, e quant'altro, non si avvicinano neanche lontanamente all'1%; è già tanto se uno su mille compra, nonostante vendano marche famose, prodotti conosciuti. C'è scarsa fiducia e i siti non funzionano perché non sono ottimizzati. In realtà, arrivare all'1% rappresenta già un miracolo dell'e-commerce, però sono sicuro che più si va avanti e più si riuscirà a fare meglio, a patto che il prodotto sia buono.

Io punto molto sulla bontà del prodotto, sull'etica e sulla qualità. Certo, non si può pretendere successo con un prodotto scadente. C'è un mio allievo che ha letto l'ebook ed ha realizzato un prodotto, una guida all'uso del pc di 20 pagine. Lo vendeva a qualche decina di euro, non tantissimo ma neanche poco, e non ne ha venduto neanche uno. Mi ha chiamato e mi ha detto: «Ah, vedi? Non sono riuscito a guadagnare in 7 giorni!»

A quel punto sono andato sul sito ed ho notato che era fatto malissimo, c'erano errori di grammatica e il prezzo del prodotto non era fissato con chiarezza. Se leggevi, all'inizio c'era scritto 24 euro, a metà 26, alla fine 22,10. Gli ho risposto: «Scusa, non si capisce quanto costa, ci sono errori di grammatica, professionalità zero. Poi un ebook di 20 pagine non è questo grande prodotto; non è affatto strano che tu non abbia venduto neanche una copia». Costava un euro a pagina, e di certo non era di gran valore, perché non può essere completa una guida di 20 pagine. Ne trovi di migliori gratis nei siti specializzati su internet. Quindi, o crei un prodotto di nicchia che hai solo tu, e allora probabilmente avrai successo, ma se decidi di scrivere una guida all'uso del computer, che è un qualcosa di molto diffuso, devi fare un lavoro non solo completo e attraente a livello grafico, devi dare qualcosa in più. In fondo basta andare in libreria, e puoi trovare libri molto validi a prezzi piuttosto contenuti. Mi spiego? Riassumendo, a questo punto il cliente è stato motivato con i benefici, informato con tutti i dettagli, rassicurato su tutta la linea, quindi è arrivato il momento di vendergli il tuo prodotto. È l'ora del cosiddetto *invito all'azione*: «Compra ora la nostra guida. Clicca qui per acquistare adesso».

In questo contesto è produttivo usare quei principi denominati "armi della persuasione", che insegno in maniera molto approfondita nel corso *Persuasione*. Teorizzati dal dr. Robert Cialdini, grande guru della persuasione, alcuni di essi ci possono essere utili nel chiudere positivamente una vendita.

SEGRETO n. 39: il MiniSito termina con un invito all'acquisto del prodotto, reso più efficace dai principi della persuasione.

Principio di Contrasto: l'esempio più classico è quello delle offerte promozionali o simili: «Il prodotto costa 500 euro, ma oggi lo vendiamo a 350», si crea un contrasto tra un prezzo alto ed uno basso. Vale 500 e oggi lo posso avere a 350, quindi conviene cogliere l'occasione al volo o non si presenterà più.

Potrei farti un altro esempio sul contrasto ricordando un mio viaggio in America, ad Orlando, fatto per seguire il corso di formazione per Trainer tenuto da Richard Bandler, fondatore della Programmazione Neuro-Linguistica. Noi italiani avevamo formato un gruppo e, spesso, la sera ci ritrovavamo ad uscire insieme. Devi sapere, come presupposto al mio racconto, che in America è molto diffuso il problema dell'obesità, molti, giovani e meno giovani, sono in forte soprappeso, anche se non se ne fanno un problema, e, in estate, girano tranquillamente in shorts e maglietta corta. Una sera ci trovammo in un pub nel quale c'era una cameriera di aspetto gradevole. Un nostro collega nel vederla commentò: «Carina questa!», in realtà quella ragazza era sì graziosa, ma assolutamente normale e in Italia, probabilmente, non l'avrebbe neanche notata; invece a confronto con le ragazze del luogo sembrò bellissima.

Insomma, qualsiasi prodotto può essere venduto meglio e più velocemente se messo a confronto con qualcos'altro o con un prezzo più alto rispetto a quello attuale.

Principio di Scarsità: ad esempio se dico: «Sono disponibili solo gli ultimi 3 posti su 50 per il corso a numero chiuso» è normale che le persone non perdano ulteriore tempo e si iscrivano subito. Nel mio caso, poi, non è solo una tecnica per chiudere la vendita, bensì si tratta di un'offerta reale, e infatti i miei allievi non avranno mai la sorpresa di ritrovarsi in 150 a seguire un mio corso. Alcuni lo fanno, io no, perché voglio seguire i miei allievi uno a uno, voglio poter rispondere personalmente alle loro domande. Lo faccio perché, come ti ho detto, ci tengo all'etica e alla qualità di un prodotto.

Quindi, per il principio di scarsità, se dico: «I posti si stanno esaurendo, non sono rimasti che gli ultimi», oppure «Sto distribuendo le ultime 100 copie del libro», si crea un meccanismo che permette di velocizzare il processo di vendita perché quella persona è già convinta della bontà del prodotto, devo solo offrirle un piccolo aiuto perché si decida a comprare.

Principio di Autorità: uso il principio di autorità quando nella pagina di un singolo prodotto, faccio riferimento a me o alla storia della nostra azienda. In queste pagine, puoi rintracciare molte informazioni tra cui il nome del docente, trovi scritto: "Ing. Giacomo Bruno, autore di oltre 30 pubblicazioni editoriali…", e così via, con tutto quello che ho fatto. Il trafiletto è corredato dalle foto delle mie apparizioni televisive che, comunque, creano una certa autorevolezza. Si riconoscono il logo di Rai Due, di Canale 5, Rosso Alice, Canale 23, non sono uno qualsiasi. Non solo ho letto e studiato oltre 1.000 libri in pochi anni, ma mi sono anche specializzato in America, sono stato ospitato in Tv, dove hanno riconosciuto e seguito il mio lavoro. In più la stampa ha scritto su di me tutte cose positive. È chiaro che all'inizio non puoi avere queste credenziali, verranno col tempo e, a quel punto, puoi usarle per rassicurare le persone.

Principio di Riprova Sociale: se è vero che inizialmente puoi non avere basi di autorità, però sicuramente puoi procurarti in maniera abbastanza facile testimonianze vere, che rientrano nel principio della riprova sociale. Quando tutti parlano bene di qualcosa, vuol dire che quel qualcosa è buono. Ecco, poco fa ti facevo l'esempio, crei un MiniSito dedicato ad un prodotto, provi a venderlo, ti rendi conto di come va e ti fai dare un feedback dai tuoi utenti.

Io procedo esattamente così. Quando inserisco un nuovo prodotto sul sito generale, Bruno Editore, ho già tutta una serie di testimonianze di persone che lo hanno già comprato e che, avendolo testato in anteprima, sono rimaste soddisfatte. Nella pagina troverai una quantità di testimonianze. Anche per me, quando compro, sono importanti. Ad esempio, quando vado sul sito di Internet Book Shop per comprare dei libri, ed io leggo anche 20-30 libri al mese, se non ho già in mente un autore preciso, decido in base alle testimonianze raccolte in precedenza sui vari libri che trattano l'argomento che mi interessa.

Per capire quali testi siano i migliori e quali no, mi baso sulle opinioni di chi ha già acquistato il prodotto. Magari trovo dieci testimonianze su un testo e, se le persone dicono che quel libro non ha contenuti interessanti, non è pratico e non porta a niente, allora non lo acquisto. Viceversa, se trovo scritto che quel libro è grandioso, pratico e porta a risultati, lo compro, mi fido di ciò che dicono gli altri utenti. Non farai fatica a trovarle, se vendi un buon prodotto. Chiedi gentilmente alle persone: «Com'è andata? Hai letto il libro? Ti è piaciuto? Mi puoi mandare una testimonianza e, se non ti dispiace, la pubblico?», le persone interpellate, se soddisfatte, nella maggior parte dei casi daranno senza problemi il proprio assenso.

Principio di Reciprocità: la reciprocità dice che se offri qualcosa a qualcuno, questi si sentirà a sua volta in dovere di offrirti qualcosa. Se ti offro un ebook gratis, ad esempio, ti sentirai tranquillo nel fornirmi la tua email per scaricartelo. Se vai nella home page di Bruno Editore, troverai molto materiale gratis scaricabile solo fornendo l'indirizzo email.

L'iscrizione, fra l'altro, non ti obbliga perché puoi decidere di cancellarti quando e come vuoi; in ogni caso, chi è interessato, non si cancella. Se ti sei scaricato degli ebook sugli obiettivi, la PNL e la crescita, evidentemente è perché ti interessa l'argomento. Io ti do una cosa gratis, tu mi dai una cosa gratis: è uno scambio, un darsi reciprocamente qualcosa in cambio di qualcos'altro.

Utilizzando tutti questi principi, puoi confezionare una bella offerta. Dirai: «Ultimi 10 posti», oppure: «Ultime 10 copie dell'ebook di cui stanno parlando tutti i maggiori canali televisivi». Poi leggi le testimonianze ed apprendi che il signor Tizio, agente immobiliare è «affascinato dal contenuto dei miei prodotti», il signor Caio, imprenditore, «trova originali ed interessanti le mie proposte», e infine trovi il pulsante «clicca qui per ordinare».

È un percorso per condurre il cliente per mano alla chiusura di una vendita soddisfacente per entrambi. In questo modo, puoi confezionare una pagina molto ben strutturata.

Naturalmente, nel momento in cui otterrai dati personali dai tuoi clienti, dovrai esserti già dotato di una piccola pagina specifica o anche un riquadro a scorrimento all'interno della stessa, dove informi sul modo in cui intendi trattarli. Ad esempio, potresti dire: «I dati inseriti in questo modulo, verranno trattati in maniera informatica ai sensi del Dlgs. 196/2003 allo scopo di inviarti la newsletter delle offerte commerciali. È esclusa la cessione a terzi...». È importante, non cedere mai i dati dei tuoi clienti a terzi o perderai completamente la tua credibilità oltre al fatto che è illegale. Copia e incolla la formula dal mio sito o da altri oppure fatti consigliare da un consulente. In ogni caso si tratta della classica informativa sulla privacy.

Il MiniSito è facile da creare. Ovvio che se decidi di rivolgerti ad un'azienda che crea siti web di professione, ti chiederà 500 euro. Ti diranno: «Beh, dobbiamo curare la grafica, la struttura, inserire i testi, controllare l'ortografia, fare test di usabilità...». In realtà il lavoro reale, effettivo che va fatto, è alla portata anche di un bambino. Se proprio non ti va di crearlo da solo, fattelo fare da un amico o utilizza quello che Bruno Editore ti fornisce quando partecipi al programma di affiliazione per rivendere i nostri prodotti.

Se hai dei dubbi sui MiniSiti, apri le pagine di Bruno Editore, vai sulla quella di un qualsiasi mio prodotto e studia come è fatta. Io le aggiorno in continuazione e le trasformo periodicamente aggiungendo notizie ogni volta che imparo qualcosa di nuovo. Mi aggiorno in continuazione e tu puoi fare lo stesso, in modo totalmente gratuito, seguendomi sul sito e imparando cose nuove assieme a me. Osserva il mio modo di lavorare, è sicuramente il massimo che posso trasmetterti.

Poniti come obiettivo di trasformare almeno 1 visitatore su 100 in cliente. Pensa a come potresti confezionare un'offerta per un eventuale prodotto di tua invenzione. A come usare il principio di contrasto, della scarsità e così via. I saldi di fine stagione sono l'esempio principale di queste strategie.

Per il principio della scarsità, se tu non corri il primo giorno a comprare ciò che ti piace, rischi di perdere la possibilità di trovare la tua taglia o il tuo numero di scarpe. Per il principio del contrasto, non puoi assolutamente perdere l'occasione di acquistare un paio di scarpe che costavano 300 euro e che ora sono in vendita a 150.

L'idea è che devi richiamare l'attenzione del cliente. Se ti dedichi, almeno inizialmente, ad una sola pagina, otterrai ottimi risultati, come accade a me con i MiniSiti dei vari prodotti. Raggiungono e spesso superano quell'1% di trasformazione visitatore/cliente. È facile anche arrivare al 2% su alcuni prodotti.

Il contenuto tutto in una pagina deve essere scritto in carattere grande, in maniera semplice e chiara.

RIEPILOGO DEL GIORNO 5:

- SEGRETO n. 32: il MiniSito è la Landing Page più efficace per vendere sia un tuo prodotto che il prodotto di altri.

- SEGRETO n. 33: i siti e-commerce seguono regole diverse rispetto ai normali siti di informazione.

- SEGRETO n. 34: il nome del tuo sito è molto importante perché crea un'identità forte e conferisce professionalità alla tua attività.

- SEGRETO n. 35: un buon MiniSito è strutturato in 3 fasi, Motivare, Informare, Rassicurare.

- SEGRETO n. 36: prima fase è Motivare mostrando i benefici del tuo prodotto, perché le persone comprano con le emozioni.

- SEGRETO n. 37: seconda fase è Informare mostrando le caratteristiche del tuo prodotto, perché le persone devono giustificare con la ragione i propri acquisti.

- SEGRETO n. 38: terza fase è Rassicurare offrendo ai tuoi clienti delle garanzie sull'acquisto e creando un clima di massima fiducia.

- SEGRETO n. 39: il MiniSito termina con un invito all'acquisto del prodotto, reso più efficace dai principi della persuasione.

Giorno 6: Fare Soldi con l'Affiliazione

Un buon modo per cominciare e fare esperienza, prima ancora di realizzare un sito o un MiniSito, è sicuramente quello di sponsorizzare e vendere il prodotto di qualcun altro. Ad esempio, un buon 50% delle persone che hanno comprato il mio libro *Fare Soldi Online in 7 Giorni*, hanno aderito al programma di affiliazione di Bruno Editore, anche perché l'iscrizione è gratuita e aperta a tutti. L'accordo prevede la possibilità, per chi partecipa, di rivendere tutti i miei prodotti, quindi gli ebook, i libri, gli audiocorsi, i videocorsi ed i corsi in aula, e la sicurezza di percepire una commissione in cambio di questa vendita. Tutto tracciato e quindi controllabile in qualsiasi momento dall'affiliato e tutto reso in tempo reale.

Non ti voglio spingere ad affiliarti a Bruno Editore, anche se so che funziona molto bene e chi l'ha fatto ha ottenuto ottimi risultati, dal ripagarsi semplicemente il testo a guadagnare migliaia di euro al mese. Ti sto semplicemente dicendo che puoi vendere i prodotti di altre persone, se non ne hai uno tuo. Questo ti fa risparmiare molto tempo prezioso, diversi costi, e lo sforzo di creare qualcosa di vincente.

Puoi cominciare già da oggi. Ti affili e sei nel business. E questo accade non in 7 giorni, bensì in meno di una giornata. Non c'è una sola persona che abbia comprato il libro *Fare soldi in 7 giorni*, ed abbia poi aspettato effettivamente una settimana per agire e vedere i primi risultati. Se vuoi, anche un'ora dopo puoi essere online pronto per creare il tuo business.

SEGRETO n. 40: i programmi di affiliazione sono uno strumento veloce ed efficace per fare soldi online.

Affiliarsi significa vendere prodotti altrui e percepire delle commissioni per questo. Su internet questo accordo viene definito Programma di affiliazione o Partnership programme. Devi fare attenzione però a chi contatti, perché puoi imbatterti in aziende poco affidabili. C'è gente che non ti paga, o ti chiede di promuovere sul tuo sito prodotti scadenti, di scarsa qualità. Scegli prodotti buoni, siti realizzati con professionalità, aziende che ti trasmettono come minimo un'idea di serietà, perché se non convincono te, a maggior ragione non convinceranno il cliente e chissà quali altri sorprese ci possono essere dietro.

Sui vari forum che esistono su internet, si è sempre parlato male di alcuni programmi di affiliazione, proprio per la possibilità, non remota, di incappare in aziende che non pagano, che scompaiono, che falliscono e, magari, fanno perdere all'affiliato mesi di lavoro e commissioni.

Fai poi caso anche a quanto ti pagano a livello di commissioni. Una media, in Italia, è tra il 5 ed il 20% su quanto ricavato dalla vendita del prodotto. Le librerie online, come IBS, BOL o Amazon, riconoscono intorno al 6% sui libri venduti per conto loro. Sono percentuali basse perché anche questi distributori online hanno margini di guadagno sulle vendite assai esigui. A loro volta, infatti, sono rivenditori rispetto all'editore, il quale deve pagare l'autore. Insomma, è tutta una catena. Più passaggi intermedi ci sono e più, ovviamente, si assottiglia il margine. Altri programmi ti riconoscono il 15%, il 20%, le situazioni possono essere varie.

La questione importante è che tu sei sollevato da qualsiasi onere, perché sono loro che si incaricano della produzione del prodotto, della stampa, del confezionamento e della spedizione. Sono loro che fatturano, quindi, in questo caso, tu non sei neanche tenuto ad aprire necessariamente una tua Partita IVA. Infatti sei obbligato solo se hai un tuo sito con una tua attività ed un tuo prodotto perché, in questo caso, sei tu a fatturare al cliente. Invece, non sei obbligato se ti iscrivi ad un programma di affiliazione, almeno finché i tuoi guadagni rimangono inferiori ai 5.000 euro all'anno e la tua rimane una semplice prestazione occasionale.

SEGRETO n. 41: i programmi di affiliazione ti sollevano dall'intera gestione commerciale: ideazione, produzione, realizzazione, spedizione, amministrazione, assistenza clienti.

Una cosa importantissima che devi controllare quando aderisci ad un programma di affiliazione con terzi, è che ti forniscano un account, quindi un pannello informatico tramite il quale tu possa controllare in *tempo reale* la quantità di click che hai inviato e di vendite concluse tramite il tuo aiuto. Anni fa ho partecipato al programma di affiliazione di un'azienda che forniva suonerie.

Riconoscevano all'affiliato il 50% di commissione, certo, mi sembrò da subito una percentuale esagerata, comunque pensai che valeva la pena tentare. Ho fatto una prova scaricando io per primo una suoneria. Andai immediatamente a guardare il pannello, che mi avevano assicurato essere in tempo reale, e mi accorsi che la mia commissione non risultava assolutamente. Li ho chiamati per avere informazioni e mi risposero in modo molto evasivo, dissero che probabilmente c'era stato un ritardo. Ovviamente me ne andai a gambe levate. Per cui ricordati di controllare, chiedi che il pannello sia aggiornato in tempo reale, altrimenti, in mancanza di questa condizione, non è facile instaurare una forma di collaborazione onesta e proficua.

Informati anche della *durata* del cliente: cioè per quanto tempo dopo il primo contatto il cliente resta tuo? Se non compra il giorno stesso ma tra una settimana, è ancora tuo? Dipende dall'azienda. Noi lo garantiamo per ben 10 anni! Quindi se da qui a 10 anni il cliente che ci hai portato compra 1, 10, 100 prodotti, è sempre tuo. Altri programmi te lo conservano per 30 giorni, altri non ti dicono nulla il che presuppone che o il cliente compra subito dopo il primo contatto o lo perdi. Solo che è piuttosto difficile che il visitatore appena arrivato su un sito decida di comprare senza rifletterci su neanche un attimo. Spesso si ha bisogno di pensare. Per questo motivo è fondamentale che il cliente ti venga conservato per un po' di tempo, minimo un mese.

Parliamo ora dei *pagamenti*: quali sono i termini e le modalità di pagamento utilizzate dalle aziende che ti affiliano? Il fatto che ti chiedano se puoi produrre fattura o ricevuta fiscale, è segno di serietà e professionalità. Se l'azienda ti chiede di lavorare in nero, è giusto che diffidi di loro, perché mancano di etica, non hanno il valore di agire correttamente, e potrebbe succedere che domani non ti corrispondano il dovuto o che spariscano nel nulla. È importante che controlli la correttezza e la puntualità dei pagamenti.

La partnership è qualcosa di molto interessante perché ti permette di non doverti occupare di nulla. Non devi avere un tuo prodotto, non devi fatturare ai clienti, non devi avere un tuo sito. In più non hai necessità di gestire i rapporti con i clienti, spesso problematici. C'è la persona a cui non funziona il prodotto, l'altra che si lamenta e così via. Per questo in molti si affiliano. Tra l'altro, oltre al fatto che non ci sono scocciature di sorta, il margine di guadagno è piuttosto alto. Ti basterà spendere 5/10 centesimi a click ed attirare anche solo un centinaio di persone. Magari solo una comprerà, ma su una spesa di 5/10 euro, avrai un ritorno pari a 30, 50, 70, 80 euro...difficile arrivare a spenderli tutti in click. Investi poco e guadagni bene. Ovviamente, come hai visto, ci sono delle strategie per investire pagando poco e massimizzare i risultati.

Immagina, quindi, di usare Google Adwords con tutti i trucchi che ti ho insegnato finora per pagare poco i tuoi click: spendi 5 centesimi e,

Un'azienda specializzata in affiliazioni che mi sento di consigliarti è TradeDoubler: ti consiglio di dare uno sguardo a tutti i programmi che questa azienda raccoglie. Troverai nomi molto importanti.

Avere l'opportunità di rivendere un Ipod di Apple o un computer Toshiba, o una stampante HP o una prenotazione negli alberghi Hilton, non sono cose da sottovalutare. Anche laddove la percentuale di guadagno non sia altissima, il richiamo e l'affidabilità di un marchio conosciuto, sono garanzia di vendite straordinarie.

SEGRETO n. 42: TradeDoubler raccoglie i più importanti programmi di affiliazione italiani per la vendita di prodotti di marche celebri.

D'altro canto, bisogna però dire che non è molto facile che qualcuno arrivi sul tuo sito o clicchi sul tuo annuncio per comprare un Ipod. La concorrenza su questi prodotti è così elevata che non è facile distinguersi e l'utilizzo di tutte le strategie che ti ho insegnato finora diventa un vero obbligo.

Se invece vuoi rivendere prodotti non di marca, ti consiglio anche un'altra risorsa che tratta prodotti sconosciuti ma molto interessanti e facilmente vendibili. È poco nota in Italia ma va molto forte in America: si chiama ClickBank.

ClickBank sta generando un giro d'affari di milioni di dollari grazie a prodotti digitali come ebook, software, membership, e così via. È simile a TradeDoubler in quanto è una raccolta di programmi di affiliazione ai quali tu puoi liberamente aderire.

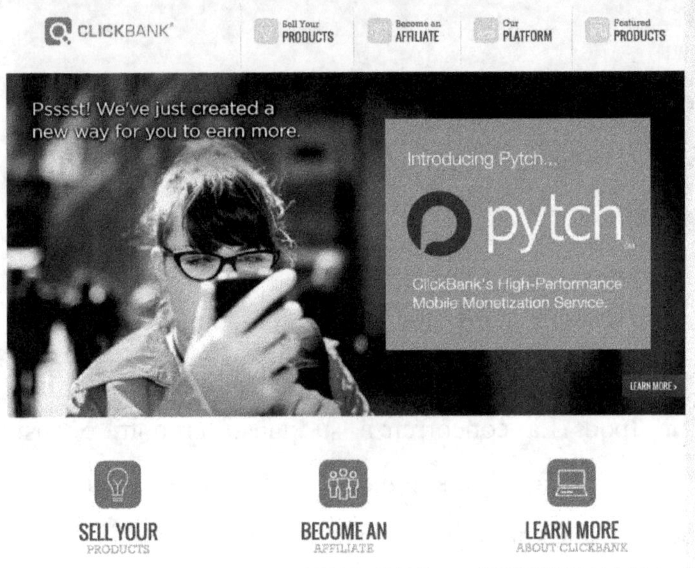

La comodità è che tu, dopo esserti affiliato, pubblicizzi singoli prodotti, ma poi tutti i pagamenti sono gestiti da ClickBank. Quindi non entri mai in contatto con i gestori dei singoli siti, il tuo unico riferimento è, e resta, l'azienda centrale.

Trattandosi di un sito americano, la lingua ufficiale è l'inglese, ma questo è solo un vantaggio: vuol dire che puoi pubblicizzare questi prodotti non solo in Italia, ma addirittura in tutto il mondo. Il tuo target non sono più solo 50 milioni di utenti italiani, ma ben

2 miliardi di utenti online nel mondo. Aprire un'attività a livello internazionale, significa moltiplicare le tue entrate, quindi abbi fiducia in questo potente strumento.

La parte più bella di ClickBank è che non troverai semplici siti e semplici prodotti. Troverai i MiniSiti più efficaci del mondo, i più grandi esperti mondiali di web marketing, quelli che hanno inventato la maggior parte delle strategie che io sto importando in Italia da alcuni anni.

SEGRETO n. 43: ClickBank raccoglie i MiniSiti più celebri del mondo e i più importanti programmi di affiliazione per la vendita di prodotti digitali.

Anche se la lingua inglese potrebbe frenare il tuo entusiasmo, dai comunque uno sguardo approfondito a questa risorsa. Studiane i MiniSiti, guarda le strategie, l'impaginazione, la struttura, i titoli. Ti assicuro che c'è veramente tanto da imparare su ClickBank.

Ultima alternativa, se proprio non vuoi rivendere il prodotto di altri, è quello di lanciarti sul mercato di internet con un tuo prodotto. È difficile? No, non lo è se ti dedichi alla tua passione. Scegli un campo nel quale sei sufficientemente competente. Anche un ragazzo ventenne può farlo. È appassionato di motorini? Bene, individuerà un prodotto ad essi collegato. Trova qualcosa che ti piaccia molto. La cosa più semplice da fare è scrivere una guida, un ebook. Una cosa più complicata può essere creare un software perché servono particolari competenze o l'aiuto di qualcuno che sia in grado di farlo.

Crea una *mucca viola*. Sai cosa è? Si tratta di un concetto nuovo, creato da Seth Godin, autore del libro intitolato *La mucca viola*. La mucca viola è una metafora per indicare la creazione di qualcosa che, per definizione, si distingue rispetto alla massa, che risalta fra tutte le altre cose, che fa passaparola da solo. Secondo me è uno dei pilastri del marketing sia online che offline. Visualizza mentalmente l'immagine di un gruppo di mucche del solito colore, bianche o pezzate, e poi tra loro…una mucca viola. Spicca su tutte. Corri a raccontarlo agli altri, parli in giro di quel qualcosa che la differenzia a tal punto da renderla inconfondibile. Million Dollar Homepage è una mucca viola per eccellenza, un qualcosa di nuovo ed originale, è una di quelle idee di cui la gente parla ovunque: «Sai? Ho visto un sito. Il ragazzo che l'ha ideato sta guadagnando un milione di dollari». Io stesso te ne parlo in questa guida e ne ho parlato in passato. Migliaia di testate giornalistiche, migliaia di siti hanno parlato di questa perfetta mucca viola, di questa idea veramente originale.

Non è detto però che tu debba avere a tutti i costi un'idea geniale. Per prima cosa è possibile prendere spunto da internet, modellare altri siti italiani o internazionali. Se puoi vai in America, puoi assorbire le idee nuove che funzionano e portale in Italia. Io lo faccio spesso. In America sono sempre un po' avanti nel campo dell'e-commerce ed io cerco di essere il primo a proporre in Italia quanto c'è di nuovo. È come poter guardare nel futuro il valore di un'azione di Borsa: avere questo accesso significa automaticamente fare tanti soldi. Bene, io penso che la situazione attuale dell'e-commerce sia la stessa. Guardare cosa succede sui siti americani, significa guardare quello che ci sarà in Italia tra 1 o 2 anni. E poter essere il primo significa creare denaro.

Un esempio che potrei farti in questo senso riguarda il discorso dello studio della seduzione come possibilità di migliorare la comunicazione. La PNL lo fa già da parecchi anni in America, le tecniche di comunicazione applicate alla seduzione esistono da tempo. Al contrario in Italia non c'era nessun testo in libreria che parlasse di PNL in relazione alla seduzione. Per questo motivo il mio libro *Seduzione* ha avuto un grande successo. Ancora oggi, dopo qualche tempo dall'uscita, mi chiamano le televisioni a fare l'esperto di seduzione, grazie al mio testo, definibile a buon titolo come mucca viola. Non solo è un pilastro del genere, costituisce anche una rendita automatica. È un lavoro intelligente che una volta fatto sta lì, si vende e si pubblicizza da solo.

SEGRETO n. 44: prendi spunto dai siti americani per creare rendite automatiche di denaro con un tuo prodotto.

Ricorda che tutto ciò che non dipende più dal tuo lavoro crea una rendita automatica. Questo è importante. Costruisci il tuo acquedotto, perlomeno inizia a costruirlo. Durante il mio corso sulla *Ricchezza*, che ho tenuto circa un anno e mezzo fa, parlavo proprio di rendite, come crearle, come capirle, come avere l'idea giusta.

Navigando su internet, mi ero appena imbattuto in un sito che noleggiava dvd a distanza, e mi ero chiesto: «Io posso andare a noleggiare un dvd da Blockbuster e poi riportarglielo, ma come si può noleggiare a distanza?» È stupefacente: con un canone mensile, circa 20 dollari, era possibile noleggiare, facendoseli spedire via posta, tutti i dvd che si volevano, non c'era un numero limite. Poi, dopo averli restituiti con tutta calma, se ne potevano ordinare di nuovi. Mi ero chiesto come potessero, i titolari del sito, rientrare della spesa, anche solo delle spedizioni, dato che pagavano loro sia all'andata che al ritorno.

Fatto sta che ne ho parlato durante quel corso perché mi sembrava un'idea geniale. C'era in aula un ragazzo che aveva una videoteca, gli ho proposto di realizzare questa idea ma non mi ha ascoltato. Chi avrebbe potuto farlo meglio di lui che aveva già tutti i contatti per la fornitura? Dopo solo due mesi di servizi simili era piena l'America e l'Italia. Tuttora se clicchi "noleggio dvd" ti troverai, tra i risultati, qualche sito che offre questo servizio.

Quindi va bene importare idee altrui, anche se non sempre si può essere i primi. In ogni caso puoi migliorare prodotti già esistenti, aggiungendo e sviluppando alcuni loro aspetti. Sicuramente noi siamo leader in questo settore perché nessuno ha 25 videocorsi. Eppure non siamo i primi arrivati, ci sono aziende di formazione che esistono dal 1990; noi siamo arrivati dopo, ma lavorando con intelligenza, abbiamo creato i prodotti più giusti.

RIEPILOGO DEL GIORNO 6:

- SEGRETO n. 40: i programmi di affiliazione sono uno strumento veloce ed efficace per fare soldi online.

- SEGRETO n. 41: i programmi di affiliazione ti sollevano dall'intera gestione commerciale: ideazione, produzione, realizzazione, spedizione, amministrazione, assistenza clienti.

- SEGRETO n. 42: TradeDoubler raccoglie i più importanti programmi di affiliazione italiani per la vendita di prodotti di marche celebri.

- SEGRETO n. 43: ClickBank raccoglie i MiniSiti più celebri del mondo e i più importanti programmi di affiliazione per la vendita di prodotti digitali.

- SEGRETO n. 44: prendi spunto dai siti americani per creare rendite automatiche di denaro con un tuo prodotto.

Conclusione

Rispetto alle mie precedenti guide, questa è certamente più avanzata in quanto contiene la formula segreta di Google Adwords che ti permette di creare attività di sicuro successo, investendo poco e guadagnando tanto.

Al tempo stesso, arrivati a questo punto, è tutto molto più facile. I passi fondamentali sono così semplici che ragazzi di tutto il mondo stanno guadagnando più soldi di tanti grandi ed esperti manager d'azienda. Se ti conosco bene, sono certo che hai letto questa guida tutta di seguito, senza fare pause, senza fare esercizi, senza prendere decisioni su come iniziare. È vero o no? Bene, vuol dire che sei molto motivato e determinato. Allora adesso datti da fare, rileggi la guida da capo e mettiti seriamente al lavoro. Prendi le tue decisioni, magari cerca un amico con cui condividere queste strategie e comincia subito. Apri un account su Google Adwords e iscriviti ad un programma di affiliazione: già stasera potresti aver guadagnato i tuoi primi soldi.

Decine di persone che hanno frequentato il mio corso in aula Fare Soldi Online™" hanno realizzato idee strepitose e hanno creato rendite di denaro in meno di un mese.

Puoi essere uno di quelli che non agiscono pur avendo in mano delle strategie d'oro, oppure puoi darti da fare e ottenere risultati. Ora sta a te decidere. Ti chiedo solo di non fare come quel tizio che dopo aver letto il mio libro *Fare Soldi Online in 7 Giorni* ha detto che lui quelle strategie già le conosceva. Certo, è possibile che, essendo un super esperto di internet, già conoscesse alcuni di questi segreti, ma se è davvero così esperto e ancora non ha imparato a fare soldi, forse non gli farà male ripassarli e, anzi, lo stimolerà all'impegno. Infatti, se non metti **impegno** in ciò che fai, stai pur certo che raggiungerai ben pochi risultati nella vita.

Spesso si è talmente chiusi dalle proprie convinzioni limitanti, da non accorgersi che esistono modi concreti ed efficaci di raggiungere i propri obiettivi. Io so per certo che queste strategie, se applicate, funzionano. Seguo personalmente oltre 500 clienti che, dopo aver letto o seguito i miei corsi sul fare soldi online, si sono dati da fare e hanno creato un'attività: ci sono persone che guadagnano migliaia di euro ogni mese. E per me, come trainer, questa è la gratificazione più straordinaria. Anche io all'inizio ero scettico, non mi fidavo degli altri. Poi ho deciso di puntare sulle mie capacità e ci ho provato. In genere provare costa solo un po' del tuo tempo. Tenta, se non dovessi riuscire, avrai comunque imparato un mestiere nuovo e avrai acquisito tanti preziosi segreti sulla vendita e sul funzionamento del marketing online con Google. Ma se va bene, potrebbe essere anche per te la svolta concreta della tua vita. Addio debiti, addio al capo, addio a quel lavoro che proprio non ti piace. Più serenità, più sicurezza, più tempo libero.

Buon lavoro!

Giacomo Bruno